《岭南文化书系》编委会名单

岭南文化书系
广府文化丛书

广府方言

詹伯慧　甘于恩　著

暨南大學出版社
JINAN UNIVERSITY PRESS
中国·广州

图书在版编目（CIP）数据

广府方言/詹伯慧，甘于恩著. —广州：暨南大学出版社，2012.6（2018.5 重印）
（岭南文化书系·广府文化丛书）
ISBN 978-7-5668-0147-0

Ⅰ.①广… Ⅱ.①詹…②甘… Ⅲ.①粤语—介绍—广州市 Ⅳ.①H178

中国版本图书馆 CIP 数据核字（2012）第 046539 号

广府方言
GUANGFU FANGYAN
著者：詹伯慧　甘于恩

出 版 人：徐义雄
责任编辑：潘雅琴　卜　颖
责任校对：苏倩欣
责任印制：汤慧君　周一丹

出版发行：暨南大学出版社（510630）
电　　话：总编室（8620）85221601
营销部（8620）85225284　85228291　85228292（邮购）
传　　真：（8620）85221583（办公室）　85223774（营销部）
网　　址：http：//www.jnupress.com
排　　版：广州市天河星辰文化发展部照排中心
印　　刷：广州家联印刷有限公司
开　　本：787mm×1092mm　1/16
印　　张：8.5
字　　数：135 千
版　　次：2012 年 6 月第 1 版
印　　次：2018 年 5 月第 2 次
定　　价：45.00 元

岭南文化书系·前言

五岭以南，素称岭南，岭南文化即岭南地区的人民千百年来形成的具有鲜明特色和绵长传统的地域文化，是中华文化的重要组成部分。由于偏处一隅，岭南文化在秦汉以前基本上处于自我发展的阶段，秦汉以后与中原文化的交流日益频繁。明清以至近代，域外文化不断传入，西学东渐，岭南已经成为传播和弘扬东西方文明的开路先锋，涌现出了如陈白沙、梁廷枏、黄遵宪、康有为、梁启超、孙中山等一大批时代的佼佼者。在20世纪70年代末开始的改革开放的浪潮中，岭南再一次成为试验田和桥头堡，在全国独领风骚。

在漫长的发展过程中，岭南文化形成了兼容、务实、开放、创新等诸多特征，为古老的中华文化的丰富和重构提供了多样态的个性元素和充沛的生命能量。就地域而言，岭南文化大体分为广东文化、桂系文化、海南文化三大板块，而以属于广东文化的广府文化、潮汕文化、客家文化为核心和主体。为了响应广东省委、省政府建设文化大省的号召，总结岭南文化的优良传统，促进岭南文化研究和传播的繁荣，在广东省委宣传部的指导和大力支持下，暨南大学出版社组织省内高等院校和科研机构的专家学者编写了这套《岭南文化书系》，该书系由《广府文化丛书》、《潮汕文化丛书》及《客家文化丛书》三大丛书共30种读本组成，历史胜迹、民居建筑、地方先贤、方言词曲、工艺美术、饮食风尚无所不有，试图从地域分类的角度完整展现岭南文化的风貌和精髓。在编写过程中，我们力图做到阐述对象的个性与共性相统一，学术性与通俗性相结合，图文并茂，雅俗共赏。我们希望这30种图书能够成为介绍和宣传岭南文化的名片，为岭南经济和文化建设的再次腾飞提供可资借鉴的精神资源。

需要说明的是，本书系曾获批为2009年度“广东省文化产业发展专项资金”资助项目，在项目申报和丛书编写过程中，广东省委宣传部的领导多次给予指导，并提出了许多宝贵的意见；中山大学、华南理工大学、华南师范大学、广州大学、韩山师范学院、佛山科学技术学院、韶关学院、嘉应学院以及暨南大学的有关领导和专家学者也给予了大力支持和帮助，在此我们一并致以诚挚的谢意！

《岭南文化书系》编委会

2011年6月18日

目　录

一、绪　论

（一）语言与文化的性质

要说语言和文化的关系，还得从语言和文化的性质说起。

语言是什么？提出这个问题似乎有点可笑。连小学生都会马上回答：语言不就是咱们嘴上说的话嘛！可这只是最直觉、最简单的认识。一旦深究下去，这嘴上说的话是什么性质？有什么特点？有什么功能？……这就难免要牵涉到许多理论上的问题了。语言的研究之所以能够成为人文学科中的一门——语言学，正是因为我们要全面认识日常生活中的语言，深入理解语言的方方面面，这的确是一件很不简单的事。从事语言工作的专业人士，长期以来不断地探索许多涉及语言的课题，可有不少问题迄今仍然存在着众说纷纭、各有各说的现象。这是由于语言跟我们人类，跟我们社会之间的关系实在是太密切了。人们凭直觉就能感觉到语言是一种社会现象，它跟社会始终联系在一块，因而也就习惯于从社会性方面切入来看待语言。语言的社会性也就自然成为大多数语言研究者的共识，也就是说，语言随社会的产生而产生，随社会的发展而发展，语言离不开社会，社会不能没有语言。不过，语言也并非只是社会现象，语言本身也具有某些物理属性和生理属性，因而，也有学者从物理学（声学）和生理学的角度来探讨语言的性质和语言的特点。这样，对语言的认识和研究，又不单纯是社会科学、人文科学的事，而难免要跨到自然科学的领域。面对这一实际，当今语言学家们大都认为人类的语言兼具社会属性和自然属性，而语言学则是跨越人文社会科学和自然科学两大范畴的一门学科。

文化是什么？历来都存有争议。20 世纪中叶，正当有关文化的概念被争论不休之际，便有西方人做过统计，发现社会上给“文化”所下的不同定义竟达100多种，足见人们对“文化”的内涵和属性的认识何等悬殊！真可谓千差万别，众说纷纭。实际上，在现实生活中，我们也总是隐隐约约地感到，人们总爱把文化归入和“物质”范畴相对的“精神”范畴来理解。在“既抓物质建设，又抓精神建设”的“两手抓”中，凡属被看作是“文化”的东西，大都被归入“精神”的范畴中来。这种把“文化”归入“精神”领域的看法，只能说是对“文化”的狭义理解，唯有“物质文化”与“非物质文化”的提法，才能真正囊括“文化”的所有内涵，才是一般人理解的所谓广义的文化。这种广义的理解比较切合实际。学术界在论及文化学的时候，往往涉及社会学和人类学，界定“文化”的概念，其内涵和外延都比较大，总是包括“物质文化”和“精神文化”，当前这个从广义上来理解“文化”的观点已为社会上大多数人所接受。著名语言学家邢福义教授主编的《文化语言学》，就是赞同这种包罗万象的广义“文化”概念的，广泛到把“文化”看成是人类的一切所作所为。该书明白地宣称：“本书赞同广义文化定义，把文化看作是为社会成员共同拥有的生活方式和为满足这些方式而共同创造的事事物物，以及基于这些方式而形成的心理和行为。”为确立这样一种广义的文化理念，《文化语言学》还认同国外学者的下列阐述：“文化从广义上讲，就是人类创造的结果的总和”（前苏联·萨哈罗夫）；“整个人类环境中由人所创造的那些方面，既包括有形的也包括无形的”（美·克鲁柯亨）。在认同文化应是广义的、包罗万象的前提下，文化实际上可有三个不同的类型：一是看得见摸得着的物质文化，二是制度文化，三是心理文化。其中二、三两类就是一般人所理解的“精神文化”。话虽如此，对于文化这个术语，我们总是在笼笼统统、模模糊糊的状态下来使用它，而不去认真考究其内涵到底是宽的还是窄的。说一个人文化程度多高多低，这个“文化”显然有具体的内容，不会是指广义的文化；当我们说“中华文化”、“华夏文化”时，自然是指广义文化；当人们论及“饮食文化”、“茶文化”、“酒文化”等时，显然是指广义文化中某个具体范围内的文化。我们现在大力开展文化交流，范围可大可小，但在一般的情况下，是着重于“精神文化”方面的交流，例如文化艺术、教育科技等方面的交流。

（二）语言与文化的关系

前面我们阐述了语言和文化的性质，基于上述对语言和文化的认识，现在我们可以把这两个经常相依相伴的概念串到一块儿来，剖析一下语言和文化之间的关系，进而论述广府方言这一特定的语言与粤语文化这一特定的文化之间的关系。

语言最基本的功能是它的交际功能，即它是交流思想和传递信息的工具。但同时语言又是文化的重要载体，因此人们归纳语言及其书面形式——文字的作用时，总是认为语言文字既具有工具性，又具有文化性。就传递信息这方面来说，范围和内容也是可大可小、可多可少的。少可以少到只传递一个简单的信息："今天晴天"、"他来了"之类；多可以多到记录社会上发生过的许许多多重大事件。我们常说我们的国家是具有几千年灿烂文化的文明古国，我们把一些通过我们古老的语言及其书面形式记录、承载下来的历史文献视为华夏文化的瑰宝，正是有了这些源远流长、充满活力的语言文字，中华民族深具特色、灿烂辉煌的传统文化才得以承传下来、弘扬开去。语言是随社会的产生而产生的，有它的先天性；而文化则是社会发展过程中逐步积累起来的。可以说，文化并无先天性可言。前面提到"文化是人类创造结果的总和"，正是这个意思。重要的是：任何形式、任何内容的文化，都必然要有一定的符号系统来记录它、承载它，而语言文字，正以其最典型的形式表现出不同人类群体所拥有的不同文化和不同的文化活动。说到底，语言是文化最重要的载体，文化要通过语言来表现，这就是语言与文化关系的关键所在。甚至可以说，语言文字是文化赖以生存、发展的重要条件。不是有的民族迄今尚无自己的文字，也就是缺乏本民族语言的书面表达形式吗？那就只好通过口头语言来承载、来表现该民族的优秀文化了。通常我们所说的"口头文学"，正是这种有语无文情况的体现。

众所周知，不同的文化被视为不同民族、不同国家、不同时代乃至不同地域的特征的集中体现。从不同的空间、不同的地缘出发，人们往往会提出"东方文化"、"西方文化"这类带"东"、"西"这样的地理方位的词语来概括具有不同特征的不同文化；而针对不同的历史时期，人们又会提出诸如"古代文化"、"现代文化"、"当代文化"

这类带时间性的词语来概括。重要的是：无论哪种文化，总是要通过其载体——语言及其书面形式文字来表现，这就决定了文化和语言的关系始终是相依为命，谁也离不开谁的。而不同的语言文字，其内涵也总要反映出不同的文化。

语言承载文化，但并非只是客观地记录文化。在记录文化的过程中，语言还有可能会影响文化。而文化呢？它需要语言来记录、来承载，但也不只是被动地让语言来记录它、承载它。因此，我们在看待语言和文化的关系时，还应该看到语言与文化存在的这种相互影响、相互制约的双向关系。对这种关系的考察和认识，使我们有可能从更深的层次来理解语言与文化之间的关系。相互制约常常表现为一种“互限”，这种“互限”在人们的社会语言生活中时有所见。拿语言影响文化来说，在我们的汉语中就有不少例子。例如汉语中有一些同音词的应用，就往往会影响到某些特殊生活习俗、文化心态的形成和发展。“人生自古伤离别”，由于作为水果的“梨”和离别的“离”同音，就致使有的地方在某种和睦欢聚的场合，人们不大愿意以“梨”飨客，甚至忌讳把梨切开来吃；同样的心态，由于“苹果”的“苹”与“平安”的“平”同音，人们在上医院探视病人时，送上的水果总是首选“苹果”，可是在吴语地区“苹果”又与“病故”谐音，所以当地探望病人时不选苹果便是可以理解的了。

在当今语言的社会应用日益多元化的时代，我们之所以经常强调一个国家、一个民族必须拥有一个能为大家共同掌握、共同使用的社会通用语，其中最重要的理据就在于共同的语言势必带来共同的文化、共同的凝聚力。同一个民族、同一个国家的人民，在共同使用同一种民族共同语的过程中，总是会不断赋予该共同语以独特的文化特征，使之能够很好地适应于本民族人民在长期的生活实践中积累、形成的风情习俗和心理状态。在使用共同语的过程中，共同语往往又会约束、影响着使用它的成员，使之具有共同维系民族统一的凝聚力和归宿感，从而逐渐形成一种共同的思维模式和认识世界、改造世界的方式，促进独具特色的民族文化的产生和发展。可见语言文字对于独特民族文化的制约和影响，是十分明显的。

另一方面，文化对语言的影响和制约更是随处可见。每一个民族的语言，在其发展过程中，会不断出现一些反映文化因素的语言新现象，这在词汇的发展中尤为常见。例如，在我们丰富多彩的汉语词库中，每一个历史时期都会增添一些反映该时期文化走向的词语。中古时期，随着佛教文化的东传，汉语就明显出现了一些有关佛教文化的词语；近代，随着海禁大开，对外贸易和文化交流日渐增强，大批反映域外文化的外来词语又蜂拥而来，使现代汉语词汇中出现了一批反映外来文化的新词语。地处沿海的汉语粤方言，在这方面表现得尤为突出。正因为语言和文化交织在一起，多年来我们在广招域外学生学习汉语，“孔子学院”遍布世界各地的情况下，为了使对外汉语教学日趋完美，达到更佳的教学效果，我们总是特别强调非把汉语的学习和中华优秀文化的掌握紧密结合起来不可！实践证明：从事对外汉语教学的教师，只有当他们对中华文化制约、影响汉语的问题有深刻认识时，才能够融文化知识的传播和语言规律的教学于一炉，取得良好的效果。

文化对语言的影响是多方面、多层次的。它既影响到语言体系的形成，也影响到语言中各个要素——语音、词汇、语法的表现。拿我们今天通行全国的汉民族共同语来说，它的基础方言之所以是北方方言，它的标准语音之所以是北京语音，绝不是偶然的事。只要回顾一下汉民族共同语及其标准音的发展历程，就可以清楚地看到：社会历史文化的条件始终是影响汉民族共同语及其标准音从萌芽到成熟再到定形的重要因素。从春秋时期出现的初步具有共同语性质的“雅言”，到经历四百年南北分裂、“正音”一时无所适从，再到隋唐以后以至宋元明清，民族共同语始终是沿着既定的轨道向前发展的。这个轨道就是：每一个历史阶段，共同语都是在作为华夏文化发源地的北方方言的基础上不断向前发展的。特别引人注目的是：自从公元1153年以后的八百年间，北京一直是全国的政治、经济、文化中心，北京话在全国的影响经久不衰，北京语音也就逐步奠定了其成为共同语标准音的地位。经历了几千年的不断发展，1949年新中国诞生以后，很快就确立了以北京音为标准音的民族共同语作为全国通行的普通话，并且在全国范围内大力推广，迅速普及，最终取得显著的效果。由此可见，社会文化因素在确立和推广汉民族共同语，特别是在推行汉语标准音——北京音方面所起的重要作用。

再从语言中词汇、语法的应用方面来看，文化影响的影子更是常有所见的。众所周知，我们的汉语十分重视语言表达中的语序问题。在比较不同语言间语序的差异时，往往就夹杂有文化心理上的因素。拿时间的表述来说，我们习惯于从年到月到日，这跟我们的传统文化“从大到小”的观念不无关系。我们不是常说，“没有国哪有家，没有家哪有我”吗？这正是一种从大到小的心态。西方人的观念却跟我们不同。他们的时间排序一般按“日—月—年”排列，这也许又是另外一种从小到大的文化心理的反映。文化对语言应用的影响真可谓无处不在。语言的使用者存在着不同的社会特征，包括性别、年龄、职业、经历、修养、性格等，这些反映不同文化素养、不同社会心态的因素，时刻制约、影响着语言的运用。同一个意思的表达，从不同人（或人群）的嘴里说出来，所用的语言，包括内容和形式都可以有相当大的差别。人们往往可以从中揣度说话者是什么类型的人：文化程度高的人还是缺少文化修养的人，是城市人还是广大农民兄弟。毫无疑义，言语形式的选择应用，多少能够透露出说话者的职业和地位，甚至多少可以看到其脾气的好坏和性格的类型。因为正是每个言语使用者的社会文化特征时刻左右着他在言语交际中对语言的选择。此外，长期积淀形成的思想意识以及由此而产生的种种社会制度、宗法制度等与人们的社会心态、价值取向关系至大，这些也都是直接或间接影响到语言应用的文化因素。拿我国来说，在长期的封建社会制度下，以儒家思想为主宰而形成的一整套忠孝仁爱道德礼教，几千年来深入人心，必然都会直接影响到语言的应用，譬如汉语及其方言中一些所谓避讳语、敬语和谦语的出现，都是这类基于儒家思想而产生的社会文化心理在语言中的反映。

以上略述语言与文化的一些关系。语言是发展的，文化也在不断发展。语言与文化间的关系日益多样化，我们必须不断跟进语言与文化的发展，从动态中来认识和剖析语言与文化及其日益多样化的关系。

（三）广府方言的文化底蕴

前面我们剖析了语言与文化的关系，也笼统地论及了中华传统文化与汉语之间的关系。既然语言是文化不可或缺的载体，源远流长的汉语承载着历史悠久、辉煌灿烂的华夏文化，那么，作为华夏文化一部分的具有地方特色的各种地域文化，自然也就应该主要通过汉语的各种地方变体——地方方言来承载了。像粤语这样历来通行范围较广、使用人口较多、在汉语诸方言中一直处于“强势方言”地位的岭南方言，它理所当然是广大粤语地区的文化——通常称之为广府文化的承载者了。换言之，历来人们要认识广府文化，要研究广府文化，就非通过广府方言即本书所说的粤方言这道“桥”不可，只有通过粤方言这一载体，我们才有可能顺利看清广府文化的真实情景，广府文化多彩多姿的面貌才能栩栩如生地展现在我们面前。

粤方言承载的广府文化，最突出的表现莫如以粤方言为载体的众多文学艺术作品了。就拿粤方言地区民众喜闻乐见的粤剧粤曲来说，从创作到演唱，可以说都离不开对粤方言的依赖和掌握。不能想象，一个对粤方言一无所知的作者能够创作出精彩的粤剧粤曲来，同样的道理，我们也不能指望一位不熟谙粤方言的演员能够把粤剧粤曲演唱好和表演好。地方戏曲创作水平的高低和演唱水平的高低，当然要取决于多方面的因素，而能否熟悉、掌握承载该戏曲的语言特色，特别是它的音韵特点，无疑也是不容忽视的一个因素。毋庸置疑，在粤剧粤曲的创作和演唱中，总是要考虑如何更好地把粤方言的音韵规律、音韵特点融合进来。在这一点上，研究粤方言的专家和粤剧粤曲的创作者、演唱者如有机会通力合作，自然就会取得最佳的效果。就研究和实践的结合而言，在我们盘点粤方言研究的丰硕成果时，就发现过一些令人鼓舞的现象。让粤语音韵的研究和粤剧的创作、演唱挂起钩来，通过粤语学者和粤剧专家的共同切磋而完成的某些课题项目，其成果理所当然地被认为是方言研究与方言应用密切结合的良好范例。据我们了解，21 世纪初，暨南大学方言学科的博士研究生陈志清就以他的题为《粤曲音韵研究》的博士论文获授博士学位。这篇论文详尽剖析了粤曲的声韵内涵及其“粤味”特色，着力阐明对粤语音韵的认识和掌握在粤曲创作与演奏中所发挥的无可替代的重要作用。许

粤剧专业期刊《南国红豆》

多以粤语研究为专业的学者，立足于粤语与粤曲之间的密切关系，从粤方言承载粤语文化这一基本理论出发，通过自己的刻苦钻研，对南国家喻户晓的粤曲如何依仗其独特的粤语音韵以实现其成为一种深受粤语区域人们所喜爱的艺术形式作了令人信服的论述。2007 年创刊的以刊登粤方言研究成果为主旨的期刊《粤语研究》，近期也刊登过几篇这方面的论文，让读者不无耳目一新之感。例如香港理工大学著名的粤语专家张群显教授就与香港演艺学院的王胜焜先生合作，在《粤语研究》第三期上发表了把粤音研究和粤曲研究结合起来的长篇论文《粤曲梆黄说唱字调乐调配合初探》。上面提到的博士论文《粤曲音韵研究》的作者陈志清也在该刊第四、五期合刊上发表了论文《粤语填词及文字谱制定刍议》。由此可见，单就粤曲粤剧这一"广府方言"区最具代表性的特色艺术而言，粤方言不仅是它们理所当然的载体，而且在粤曲粤剧的深入探讨和大力弘扬方面，也少不了粤方言研究的配合。仅此一端，粤方言与广府文化的紧密关系也就昭然若揭了。

正因为文化始终离不开它最为重要的载体——语言，广府文化与广府语言（粤方言）的关系，随着现当代广府文化的不断创新发展，特别是广府文化辐射能力的不断扩大和广府文化影响力的不断增强，广府方言也就自然而然地随之传播四方，以至深入人心了。当年我们广府地区的祖先带着浓浓的土音土词漂洋过海，富于辐射力的广府文化就连同其载体广府方言洒落到五湖四海，形成了许许多多侨居地的"白话社区"；而今天，当我们的国家插上经济腾飞的翅膀，当"敢为天下先"的广府地区成为改革开放的实验区、市场经济的先行者时，伴随着"广货"蜂拥北上，广府文化又搭上了顺风车，像当年漂洋过海那样，飘向了大江南北的广阔大地。不是有一篇文章提出"普通话南下，粤方言北上"的说法吗？文章作者丝毫没有要让粤语——广府话跟民族共同语——普通话抗衡的意思，我们的民族，我们的国家，始终只能有一种足以维系 14 亿炎黄子孙的共同语，我们始终得维护民族共同语——普通话的主流地位，这是毋庸置疑的。然而，有主流必有支流，有主体文化也必有地域文化。依附于地域文化的地域方言，必然也会随着地域文化的传承和弘扬扩散到本地域以外的地方去。所谓"粤语北上"，可说是粤语文化北上的副产品。今天的广府文化，作为深具特色的“非物质”、“广货”，随着市场经济的发展而流入广府以外的神州大地，也就不足为怪了。君不见一曲“霍元甲”风靡全国之际，这一以粤语承载的具有地域特色的通俗歌曲，就连同歌词中粤方言的音韵词汇，一股脑儿地传播开来了。所谓“粤方言北上”，指的也只是这类粤音粤词的“北上”，包括已渗入民族共同语中来的许多粤味新词罢了。绝不可能是整个粤语的“北上”，更不可能导致北上的粤语要跟普通话“平起平坐”。

刊登粤语文化研究成果的专业刊物
《粤语研究》

由此看来，广府文化离不开广府方言，而广府方言又总是承载着丰富多彩的广府文化，这就是语言与文化密不可分关系的真实写照。

二、广府方言的分布、分片和来源

（一）广府方言的分布

广府方言（粤方言）分布在广东、广西的许多市、县和香港、澳门两个特别行政区以及海外华人社区。在广东，粤方言是省内粤、闽、客家三大方言中使用人数最多、地域最广的“老大”。由于省会广州是粤方言的代表点，粤方言在省内具有很大的影响力，许多非粤方言区的广东人为了生活上、工作上的各种需要，都乐于学习一点粤方言，以至于粤方言被戏称为“广东省内的普通话”。

广东省内的粤方言通行于珠江三角洲地区、粤中地区、粤西南及粤北的部分地区。就当今省内的行政区域来说：广州市、佛山市、肇庆市、云浮市、珠海市、江门市及其所辖区、县，除个别地方外，基本上都通行粤方言；深圳市、东莞市、中山市大部分地区通行粤方言；阳江市、湛江市、茂名市、韶关市、清远市、惠州市及其所属县（市），则部分地区通行粤方言。在整个广东省内约 8 000 万有粤籍户口的常住人口中，说粤方言的估计有 4 500 万人左右。广西壮族自治区内粤方言（白话）和西南官话是两大主要汉语方言。其中通行粤方言（白话）的地区集中在桂东南地区，包括南宁、横县、贵县、玉林、梧州、北海、钦州、北流、陆川、博白、容县等 20 多个县市。在广西的 4 000 多万人口中，使用“广西白话”的估计要超过 1 500 万。香港和澳门两个特别行政区都以粤方言（当地或称为广东话、广州话）为社会第一通用语。两地人口共约 750 万，这个数字应该也就是通行粤方言（广府话）的人口数字。至于海外各地的华人社区，包括亚洲、美洲、欧洲、大洋洲等的许多华人聚居的社区，其社会通用交际语中，粤方言也是使用人口较多的一种。据粗略的统计，大概会有

1 500—2 000 万华人是以粤方言作为社会通用语的。综上合计，全世界使用粤方言（广府话）的人口当在 8 000 万以上。

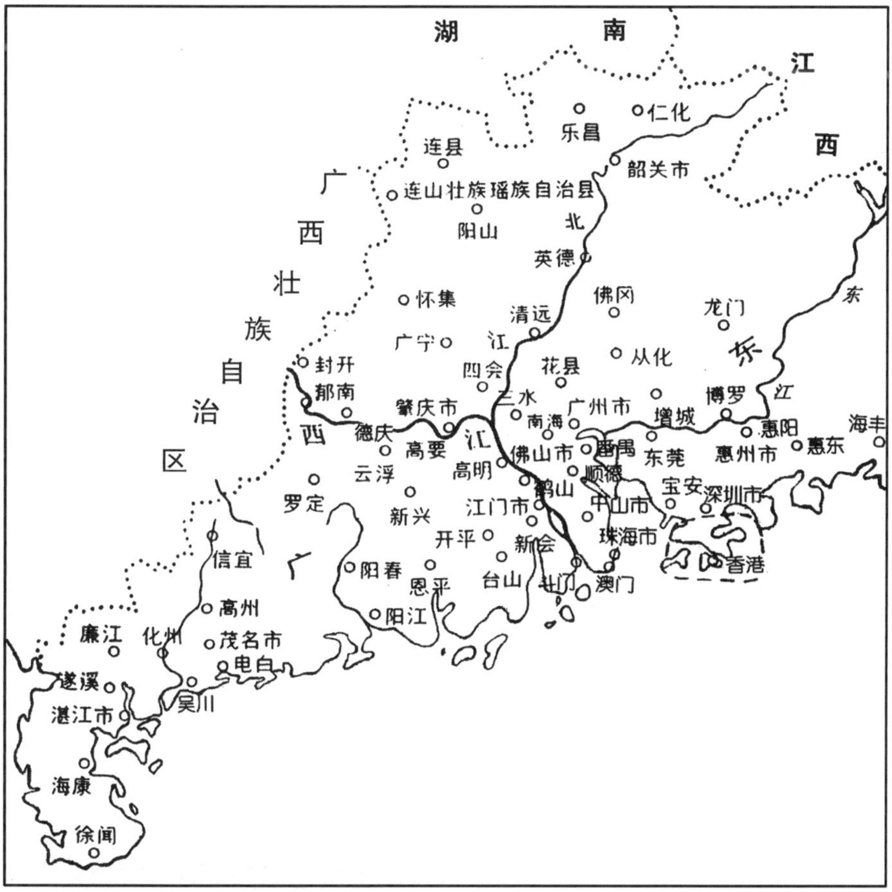

广东粤方言分布示意图

（二）广府方言的分片

汉语方言通常可以在各大方言区下面再根据其语言特点和人文、地理情况分为若干个方言片。方言区下属的方言片，也可称为“次方言”。时下一般论述粤方言的著述，如影响较大的《广东粤方言概要》（詹伯慧主编，暨南大学出版社 2002 年版）就把粤方言（广府方言）分为以下几个粤方言片：

（1）粤海片。俗称“广府片”（狭义，范围小于本书所指广义的“广府方言”），主要通行于以广州为中心的珠江三角洲、粤中以及粤北部分地区。香港、澳门所通行的粤方言（广东话）也属于粤海片。

这一片是整个粤方言的大本营，以广州话为代表，在粤方言中影响最大。外地人学习粤方言，一般也就是学习广州话。

（2）四邑片。主要分布在广东台山、开平、恩平、新会“四邑”，以及邻近的斗门县（属珠海市）及江门市区。江门市属的鹤山市也有部分地区（如雅瑶）通行四邑话。四邑片粤语在美洲华人社区中也相当流行，因为早期移民美洲的华人多来自广东“四邑”。当今美国驻华大使、美籍华裔骆家辉就是早年台山移美华人的后裔。四邑话以台山话为代表，在美洲华裔中代代相传，迄今依然是当地相当活跃的一种汉语方言。

（3）高阳片。主要分布在粤西南阳江、茂名、湛江三市及其所辖各县（市）。雷州半岛和茂名市沿海地区（如电白）都兼有粤方言和闽方言。大致上粤西南凡通行粤方言的地区，所说粤语都属于粤方言中的高阳片。这一片的粤语大同小异，但迄今并未形成具有权威性的、受到广泛认同的方言代表点。

（4）莞宝片。分布在珠江口东岸东莞市及深圳市宝安区的沿江一带。香港新界有些原住民所说的“围头话”也近似莞宝片粤语。这一片的粤方言以东莞市城区的莞城话为代表。

（5）香山片。通行于珠江口西岸的中山市、珠海市，但不包括通行四邑话的珠海斗门。香山片粤方言以中山市的石岐话为代表。

《广东粤方言概要》与《广东的方言》书影

（6）桂南片。主要分布在广西邕江、郁江、浔江沿岸南宁、玉林、梧州等地区所属县（市）以及桂东南北海、防城、钦州等沿海港口及其所辖地区。广西粤方言（白话）通行的地域约占整个广西面积的三分之一。自治区首府南宁市的汉语方言通常被看作是广西粤语（白话）的代表。

学术界对于广东粤方言的分片还有不同意见，主要观点有：

（1）中国社科院语言研究所的观点。观点刊载于《方言》杂志及《中国语言地图集》，这一派主张将广东粤语分为五片：广府片、四邑片、勾漏片、高阳片、吴化片。伍巍、詹伯慧（2008）亦取此观点。按照古全浊声母今读塞音塞擦音时送气与否，先分出勾漏片（不送气）和吴化片（古全浊声母读为送气），另三片再按古透母的读法分出广府片（不读 h，古全浊声母阳平、阳上送气，阳去、阳入不送气）、四邑片（读为 h，古心母读边擦音）、高阳片（不读 h，古全浊声母阳平、阳上送气，阳去、阳入不送气，古心母读边擦音）。

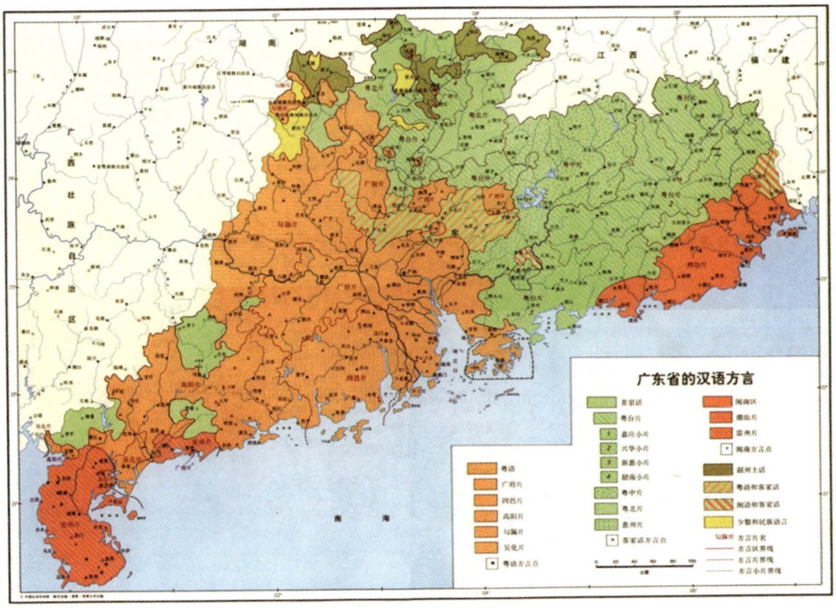

《中国语言地图集》中“广东省的汉语方言”图

（2）李新魁的观点。见于《广东的方言》一书，主张将广东粤语分为以下四片：广府片、高廉片、罗广片、四邑片。未涉及分片的语言理据。

（3）余霭芹的观点。主张将广东粤语分为两大区：三角洲区和四邑两阳区。主要依据是边擦音的有无和人称代词的形态（四邑两阳区代词复数读入声或变调）。

（4）广东省志办的观点。见于《广东省志·方言志》一书，将广东粤语分为四片：广府片、四邑片、两阳片、粤西片。

（5）张双庆、庄初升的观点。见于《广东方言的地理格局与自然地理及历史地理的关系》一文，主张两阳片分立，将广东粤语分为五片：广府片、四邑片、两阳片、高化片、勾漏片。较之第一派，高阳片、吴化片合并为“高化片”，又析出两阳片。

（6）刘叔新的观点。主张惠州一带的带有混合性质的方言独立为惠河系，其他分片未涉及。

（7）甘于恩的观点。见于作者发表的几篇文章，主张取消香山片、莞宝片（大片），将广东粤语分为以下七片：珠三角片、四邑片、两阳片、粤西片、勾漏片、粤北片、粤东片，之下又分为若干小片。可参看《广东粤方言地图集》的“广东粤方言调查点分区一览表”。

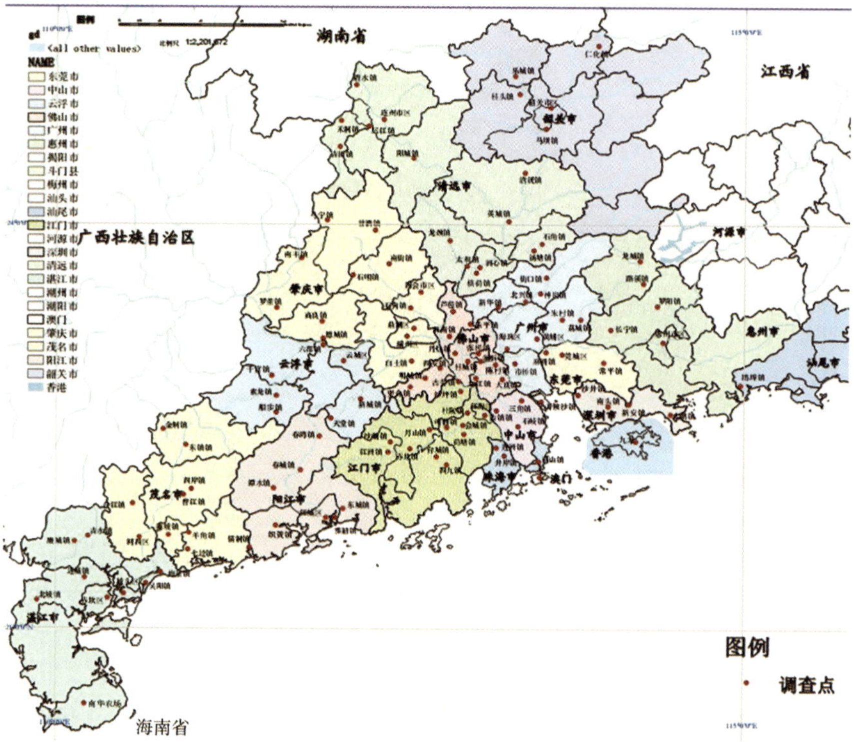

《广东粤方言地图集》调查点

（三）广府方言的来源

1．关于广府方言来源的几种观点

广府方言作为粤语的主体，是岭南众多方言的一种，影响最大、使用范围最广。关于广府方言或粤语的来源，有多种说法。较有影响的大概有“先秦说”、“南楚说”和“唐宋说”。

（1）先秦说。

关于粤语的形成及早期粤语的中心，叶国泉、罗康宁等提出了“西江流域文化起源说”（即“先秦说”），认为粤语形成于广信（今封开），封开粤语代表了早期粤语，是现在粤语的源头。

两位先生在《粤语源流考》一文中最先提出此观点。他们认为：公元前214年秦“谪徙民五十万戍之（指岭南）”，“这五十万‘徙民’多数定居于西江中部，而中原汉语也就首先传播于西江中部。……此后三百年，广信一直是岭南的政治、经济、文化中心”。他们又说：“由于粤语在西江中部形成，后又借西江流域而向东西扩展（沿江而下至广州以及整个珠江三角洲，溯江而上至广西的梧州及至南宁）。因此，西江一带的粤语一直保持着相当程度的一致性。”

此后，在不同的学术场合中，两位先生仍坚持并宣传这一观点，主要见于谭元亨主编的《封开—广信岭南文化古都论》（2004）。罗康宁（2006）还在《粤语与岭南文化的形成》一文中提出“粤语保存着我国最早的民族共同语（即雅言）”，并试图从语言特点角度予以论证。

另外，谭海生亦持类似观点，详见于论文《粤方言的源头和基础是秦汉通语》（《学术研究》2008年第8期）。

（2）南楚说。

关于粤语的来源，著名学者李新魁曾在《广东的方言》一书中认为“秦汉时期”粤语离开了母体，但他没有直接说秦汉汉语就是粤语的源头。他指出：“促成粤语的出现和形成的，首先不是秦时的移民，而是楚人南迁，楚方言流传、扩展的结果。”（第35页）他还说：“西汉之前，广东一带就出现了这个南楚的方言。我们看扬雄《方言》一书和其他古籍所述的楚方言、南楚方言的许多词语，就与粤语相当一致，这正是粤方言某些词语的‘语源’。”（第47页）如广州话的“威”（美丽、壮观）、“睇”（看）、“菢”（孵）等，都与楚语词有同源关系。

不过，即便如此，也只能证明粤语与楚语有某些接触关系，并不能证明粤语就是楚语的一支，除非有大量的、强有力的证据可以从语言上证明。李新魁也承认粤语保留了众多古台语（即古百越语）的特点，说明了“粤语形成的因素是比较复杂的，是吸收了多方面的语言成分的”（第52页）。这等于说，南楚方言只是粤语的源头之一，粤语可能还吸收了其他语言的成分。至于粤语最早的性质，李先生并未明确回答。

（3）宋末移民说。

香港学者刘镇发在《现代粤语源于宋末移民说》（《第七届国际粤方言研讨会论文集》，商务印书馆2000年版）中提出这一观点。他从史料、语言特点等方面论证珠三角粤语与宋末通语的密切关系，并指出：“说粤语直接传承自秦汉古语，也有悖于语言事实。与切韵、广韵、中原音韵和现代北方话对比，粤语的声母极为‘现代化’，很少有比《切韵》、《广韵》早的语音现象。”（第79页）至于词汇特点，他也指出粤语词汇的“存古程度不如闽语，一般跟客语差不多”（第80页），如闽语常用的古语词“鼎”（锅）、“糜”（稀饭）、“目”（眼睛）、“册”（书）等，皆不见于现代粤语的口语词。

刘镇发明确指出：“以广州话为代表的现代粤语，无论在语言特征和使用者的个人认同上，都说明它是宋代官话的直接后裔，和‘古粤语’没有直接的传承关系，而是语言转移关系。现代粤语存古的质（古的程度）和量（古音、古调、古结构的数量），不单无法将它联系到唐以前，大量的方言词语都是宋明以后的产物。”（第82页）换句话说，即使古粤语来自秦汉方言（目前这点依然得不到证实），由于与现代粤语没有传承关系，也无法证明现代粤语来自秦汉方言。

（4）多源说。

这一观点由甘于恩首先提出，与刘镇发的观点有相似之处。他在《粤语多源论》一文中（《学术研究》2008年第8期）针对叶国泉、罗康宁的论点，提出各地粤语乃是不同时期、不同移民来源叠加形成的，用“西江粤语”的特点来替代或代表其他粤语，这在逻辑上是不严谨的。有的粤语（如四邑话）混合色彩非常浓厚，其实正说明其来源的多元性（甘于恩，2003）。具体的论点详见以下两节。

2. 从史料看待“西江流域文化起源说”

关于早期粤语，叶、罗认为公元前214年秦朝移民50万于岭南，这50万移民所使用的汉语，便是早期粤语的源头。这样一种论证方式未免失之于简单化。同样参照历史材料，我们发现的却是另一种事实。

首先，50万移民是否实数，是颇值得怀疑的。众所周知，秦汉时期历史记载十分简略，更遑论未开发的岭南地区。50万移民于岭南一说，始见于西汉刘安的《淮南子》。原文曰：“事或为之，适足以败之；或备之，适足以致之。何以知其然也？秦皇挟录图，见其传曰：‘亡秦者，胡也。’因发卒五十万，使蒙公、杨翁子将，筑修城。西属流沙，北击辽水，东结朝鲜，中国内郡挽车而饷之。又利越之犀角、象齿、翡翠、珠玑，乃使尉屠睢发卒五十万，为五军，一军塞镡城之岭，一军守九嶷之塞，一军处番禺之都，一军守南野之界，一军结余干之水。三年不解甲驰弩，使临禄无以转饷。又以卒凿渠而通粮道，以与越人战，杀西呕君译吁宋。而越人皆入丛薄中，与禽兽处，莫肯为秦虏。相置桀骏以为将，而夜攻秦人，大破之。杀尉屠睢，伏尸流血数十万，乃发谪戍以备之。”雍正（1723—1735）版的《广东通史》也有类似的记载（谪徙民五十万戍之），恐本于《淮南子》。但是，《淮南子》一书史学界多有疑问，怎能作为历史事实加以引证？这里面有许多常识性的疑问，若无法解决，则以该书作为论据就是不慎重的。比方说秦军有50万，这与历史事实难以相符，秦国当时的总兵力才60万，拿出50万兵力来对付岭南，仅余10万攻打强大的楚国，于理不合；又说越人“杀尉屠睢”数十万人，则越人至少也有数十万的兵力，才能打赢军事实力远在其上的秦军，这跟当时岭南的社会现实也不吻合，当时岭南社会极其不发达，人口稀少，四邑一带的台山、开平直至15世纪后才立县，即使是建县较早的新会、恩平，建县之初人口也很少，如宋永初元年（420）立新会郡，“领县十二，户一千七百三十九，口万五百九”（《宋书·地理志》），十二县总人口才万把人，每县平均人口仅九百人（甘于恩，2003）。这样一种情况下，即使是全民皆兵，要达到50万兵力的规模，亦十分困难，何况时间还要上推数百年？至于《广东通史》的记载，也不可靠，从事件的发生到记载，相去将近两千年，这里面难免有以讹传讹的成分，数据的准确性更值得商榷。退而言之，即使当时真的有50万居民移入岭南，这50

万是否全部迁入西江一带，亦有疑问。因为按照史书的习惯，“岭南”是一个宽泛的概念，指五岭以南，具体而言是现广东、广西、江西、湖南一带，而非仅指西江流域。所以，即便真有50万移民源头，这个源头也应该是多源的。叶、罗在论证移居地时，犯了以偏概全的毛病。

其次，汉人移居岭南以后，是否就使得汉语成为优势语言，也值得商榷。以当时统治者的策略，移入汉人主要是在文化上同化越人，利用先进的生产力征服岭南，所以南越国主赵佗奉行的是“和集百越”的政策，包括尊重越人的风俗习惯，沿用越人的语言。汉语在岭南地区的渗透是一个漫长的过程，直至三国时，我们才看到“粗知言语（指中原汉语）”的记载，即便到了东汉也仍旧是“言语各异，重译乃通”的情况（《后汉书·南蛮西南夷列传》）。假如在北方地区之外的南方广东，有一大片的区域使用与中原汉语相同的语言，这在当时应该是重大的事情，史书上不会没有任何记载。而我们所看到的，却是关于岭南言语不通的大量记载以及一大批楚方言词汇的记录，如扬雄《方言》中：“陈楚之间、南楚之外曰‘睇’”，“南楚人为鸡抱（指孵小鸡，即现粤语一般所称的‘菢’）”。

再次，西江流域的粤语与珠三角的粤语是否有源流的关系，恐非通过简单的推论就可以断定的。叶、罗说粤语在西江中部形成，后又借西江流域而向东西扩展，沿江而下至广州以及整个珠江三角洲。这跟我们认识的事实有很大出入，珠江三角洲的居民，有很大一部分乃是从陆路经大庾岭进入南雄（时在宋代前后），再散居于珠三角各地的。这有大量比较可靠的历史文献和族谱等资料作为佐证［例如顺德陈村大姓欧族在粤北居住了200多年，才从南雄（浈昌）迁至珠三角］（甘于恩、吴芳，2007），而西江粤语如何进入广州（即以前的番禺），最终影响了广州话及其他粤方言，这只是一个缺乏史实作为支撑的猜测。

3. 全面观照粤语的面貌，认识粤语形成问题

从语言客观事实出发，我们在综合众多粤方言特点的基础上，可得出以下几个认识：

（1）从粤语诸方言的差异性看待粤语的多源性。我们必须看到，粤语其实不是一个由纯粹的方言发端而来的现实体，而是由多种方言（语言）混合而成的混合体。早期的粤语/越语，应该是带有较多少数

民族语言成分的非汉语（详见本书第四章）。例如精组字读作塞音 t、t‘的情况，不仅是在广西和广东西部（如化州、吴川一带）大量存在，在广州近郊的人和、石井、钟落潭等城中村里，这种塞音读法的情况也同样明显。这一特征与某些南方方言，如闽语（海南闽南话）、赣语和土话（军话）的情况一致，正是说明了粤语和这些方言同样受到侗台语的影响。这种粤语/越语，由于所处的地理位置不同而各不相同。但其属百越语，这点性质是一样的。后来，随着汉化程度的加深，各地的粤语才慢慢地向汉语靠拢，但这种靠拢的速度和比率也有所差异，有的地方只保留了某个阶段的读音，而有的地方则可能保留某两个阶段或更多阶段的读音。如南海沙头话精组字就有 t、t‘、s 和 ts、ts‘、s 两组不同历史层次的读音（彭小川，2004）。词汇上的多源性就更为明显："稠"说成"傑"、"跨"说成"躐"、"想"说成"谂"、"刚"说成"啱"等，在整个粤语中普遍存在，这些词语有的来自壮语，有的来自黎语，还有的来自瑶语等（詹伯慧、甘于恩等，2002）。

语法也同样如此，如表示完成体的体标记，可以分为以下五种主要类型：

①主导类型"咗"（广州话音 $tsɔ^{35}$）类。主要分布在珠三角大部、粤西（如湛江、信宜、郁南等）和粤北（韶关及所属各县）的一部分地区，这类标志体现了粤语完成体标志的大势。

②沿珠类型"敲"（佛山禅城话音 heu^{55}）类（"敲"本字应为"休"，另文论证）。主要分布在狭义的珠江沿线一带（如佛山郊区、顺德、南海、三水、深圳、中山、珠海），另外，粤北的佛冈、英德也使用此标志。

③近海及西北类型"a/e/ə"类。主要分布在以四邑（如江门、台山、开平、新会、鹤山、斗门、中山$_{\text{古镇}}$）为核心的近海地区和与四邑接壤的西北地区（如高明、四会、罗定、怀集、云安、封开），此外，珠三角的顺德、南海和东面的东莞、博罗、龙门以及北面的英德、阳山、连州也有这种标志。

④两阳类型"tou/pou/啵$^{=}$"类。主要分布在两阳及与之交界的地带（如阳江、阳东、阳西、阳春、恩平），此外，与两阳仅一市（云浮）之隔的德庆及中山$_{\text{石岐}}$也使用这种标志。与两阳交界的新兴用 piu^{55}，可暂时作为附类处理。

⑤湛茂类型“tɛ/te/tei”类。主要分布在湛江（如赤坎、坡头、廉江、遂溪、吴川）及茂名所在的区域（茂南、电白、高州、化州）。

此外，还有其他一些零星的、不成大片的标记，如“开”类（以信宜、斗门、徐闻南华农场、龙门龙城为代表）、“起”类（以东莞莞城、清新几点为代表）、“好”类（以吴川吴阳为代表）、“了”类（以封开罗董、连山吉田、开平月山为代表）、“过”类（以肇庆鼎湖、高明更合、恩平沙湖为代表）、“光”类（以连山禾洞为代表）。

这些歧异的体标记说明，假设今天的各地粤语来自早期一个共同的祖语，未必是有说服力的科学论断。尽管我们还需要做大量的比较研究才可能构拟出每一类型体标记的语源，但我们目前至少可以下这样的结论，各地粤语体标记的复杂性，隐约地透露出这样一个信息：正是由于粤语来源的歧异性，才导致今日各地粤语在语法上的表现各有特色。

（2）粤语与古代汉语之间的关系。由于粤语形成的多层次性，粤语与中原汉语呈现出比较错综的关系。但大致而言，学术界比较认可的说法是它与广韵系统（宋代）的联系较为紧密。当然，粤语也有一些广韵之前的成分，如少数知组字读 t、tʻ声母（如“秩”），也保留了少数中古前的词语（用“卒之”表“终于”），不过这种倾向不占主流。与闽语这类形成较早的方言相比，如果从其汉语性质占主导的时间算起，它的形成应该晚一些。否则，我们很难解释，一些广韵前的语音特点（如古匣母读如见母、章组读如见母）以及上古汉语的常用词语，如“鼎”、“椀”、“漂”，在粤语中极少见到。

罗康宁谈到封开粤语的某些特色，如古清音（帮、端、见）声母现读浊音，试图以此证明封开话保留了上古汉语。如果确系如此，那倒是一个重大发现。可惜的是，罗先生没有做任何的证明就下了结语。其实，这种现象不独粤西粤语为然，现在的四邑开平月山话也有（如“大”读 dai^{42}），甚至整个海南岛闽语都是这样（刘新中，2006）。这恰恰不能证明粤语保留了早期汉语，反而证明了粤语的某些非汉语的特点（与壮侗语族的特点相似）。而这种非汉语的特点是如何进入粤语的，侯兴泉认为封开“罗董话的原住民主体是壮侗居民”，“罗董话的帮、端读作浊内爆音 ɓ 和 ɗ 是原壮侗少数民族学习汉语并换用汉语而留下的底层”。也就是说，这些非汉语的特征其实是少数民族汉化

（目前还在这种汉化过程中）之后其母语留在粤语的痕迹，而非罗氏所说的《切韵》之前的雅言特点。另外，粤语表“完了”语法意义的虚词“埋”其实也是来自古百越语的实词“去”（甘于恩，2006）。

（3）广府方言权威性的作用。从现实的粤语情况来看，当今粤语的主体应为以广州话为代表的广府方言，当然，这里的主体地位并非指粤语的源头。我们认为，广府方言是整个粤语形成与发展中一个相当重要的历史阶段。广府方言的权威性是长期以来广府文化的权威性在语言上的反映。广州话有不少语音与广韵系统有出入，却与周边的粤方言有着整齐的对应，这说明整个粤语有一条明显的语音演变的主线，这条主线不仅是古粤语演变的线索，也是当今粤语继续演变的脉络，同时，这条主线印证了周边方言区的居民对广州话的认同。

比如粤方言不少例字韵尾的演变，跟古韵摄有不一致之处，这跟权威方言广州话的影响关系极大，表面上看没什么规律，但如果与广州话一比较，就会发现几乎所有的次方言都在跟随广州话的演变方向。请看以下例字：

	喝咸开一入合	赚咸开二去陷	蛰深开三入缉	铡山开二入鎋	蝉山开三平仙
广州	hɔt^{3}	tsan^{22}	tsek^{2}	tsap^{2}	sim^{21}
澳门市区	hɔt^{3}	tsan^{22}	tsek^{2}	tsat$^{\underline{23}}$	sim^{21}
番禺市桥	hɔt^{3}	tsan^{22}	tset^{2}	tsap^{2}	sim^{31}
花县花山	hot^{3}	tsan^{21}	tsek^{2}	tsap^{2}	sim^{12}
从化城内	hɔt$^{\underline{23}}$	tsan^{21}	tsek^{2}	tsap^{2}	sim^{22}
增城县城	hɔk^{2}	tsaŋ^{22}	/	tsap^{2}	sim^{11}
佛山市区	hɔt^{3}	tsan^{22}	tsek^{2}	tsap^{2}	sim^{42}
南海沙头	hok^{3}	tsaŋ^{22}	tsek^{2}	tsɐp^{2}	sim^{44}
顺德大良	hɔt^{3}	tsan^{21}	tset$^{\underline{21}}$	tsap^{2}	sim^{42}
三水西南	hot^{3}	tsan^{13}	tsek^{2}	tsap^{3}	sim^{21}
高明明城	hɔt^{3}	tsan^{21}	tsək^{2}	tsap^{2}	sim^{21}
中山石岐	hɔt^{3}	tsan^{33}	tsek^{3}	tsap^{3}	sim^{51}
珠海前山	hɔt^{3}	tsan^{33}	tsek^{3}	tsap^{3}	sim^{21}
斗门上横	hɔt^{3}	tsan^{21}	tsek$^{\underline{21}}$	tsap$^{\underline{21}}$	sim^{42}

（续上表）

	喝咸开一入合	赚咸开二去陷	蛰深开三入缉	铡山开二入鎋	蝉山开三平仙
斗门斗门	hut^{3}	$tsan^{31}$	$tsak^{\underline{21}}$	$tsap^{\underline{21}}$	sim^{22}
江门白沙	$hɔt^{3}$	$tsan^{31}$	$tsek^{\underline{21}}$	$tsap^{\underline{21}}$	sim^{22}
新会会城	$hut^{\underline{23}}$	$tsan^{31}$	$tsat^{\underline{21}}$	$tsap^{\underline{21}}$	sim^{22}
台山台城	$huat^{3}$	/	$tset^{\underline{21}}$	$tsat^{5}$	$siam^{22}$
开平赤坎	$hɔt^{\underline{21}}$	$tsan^{31}$	$tsɛt^{\underline{21}}$	$tsak^{5}$	$sɛm^{22}$
恩平江洲	$huat^{\underline{21}}$	$tsan^{31}$	$tsiat^{3}$	$tsat^{5}$	$sian^{22}$
鹤山雅瑶	$hɔt^{3}$	$tsan^{32}$	$tsek^{2}$	$tsap^{3}$	sim^{21}

粤北、粤西各点的情形，亦与珠江三角洲方言类似，说明广州话对于各次方言有很强的向心作用。相反，我们在封开话与其他粤语之间，却很难发现这种痕迹。

关于粤语的形成和地位问题，这本来是一个带有哲学思辨性的问题，同时又与岭南的历史紧密相关。要解决这个问题，单靠简单的推论恐怕不行，必须有严谨的逻辑定义和推导、大量的史料证据以及充分可靠的现实语言材料，这些前提条件缺一不可。我们认为，提出任何学术观点，一定要对历史记载的材料和共时存在的现状进行全面的分析，在确凿的事实根据基础上，做严谨的论证。本书并非对粤语的起源进行结论性的考证，因为这种考证本质上是很困难的。粤语作为一种方言，与各地方言一样，在我国传统儒家正统思想的影响下，是属于不登大雅之堂的土语，因此古籍中记录的材料相当少。零星的材料记载，并不能支撑起整个论证的依据，但共时平面上各种活生生的语言材料，却能够提供语言对比和演变的线索。因此，关注语言（方言）事实才是正确之道。有学者指出：“粤语史的研究首先不能预设立场，先有结论才找证据。不能光靠感觉，尤其是一些不算得上严谨的假设。”（刘镇发，2007）

我们还认为，粤语并非形成于一个特定的时期、特定的地点，而是随着不同时期的汉族移民，由不同的路径进入粤地而逐渐形成的，这点是显而易见的。经过漫长的发展演变过程，直至今天，各地粤语呈现出各种差异性，但由于广府文化的权威性和示范性，各地粤语形成后，有慢慢向广府片粤语靠拢的趋势，而这种趋势也使得多源的粤语能够呈现某些较为一致的语言特征。

三、广州话的语音特点

广府方言（粤方言）有着复杂的历史发展过程，通行的地域又那么广，各片粤语自然会有一些差异，但总的来说，还是有许多基本相同的特征的。没有这些基本相同的特征，粤方言区就不能说是汉语方言中一个重要的大方言区了。了解一种方言，掌握一种方言的特征，总是从它的代表点入手。我们以广州话为例来简要说明粤方言的语言特点。

（一）广州话的声、韵、调系统

1. 广州话的声母（20 个）

双唇：p 巴包八　p‘怕跑拍　m 麻美物　w 护怀滑
唇齿：f 花凡法
舌尖：t 多丹达　t‘他谈塔　n 拿南纳　l 来兰历
舌叶：tʃ 支正杂　tʃ‘茶床贼　ʃ 诗山石
舌面：j 衣言日
舌根：k 家间角　k‘溪琴确　ŋ 我昂岩
　　kw（k 的圆唇化）瓜关国　k‘w（k‘的圆唇化）夸葵扩
喉音：h 好开客
零声母：ɸ 亚安恶

2. 广州话的韵母（53 个）

单元音韵母：a 巴他　ɛ 爹车　œ 朵靴　ɔ 多错　i 衣时
　　u 夫姑　y 于书
复元音韵母：ai 拜快　ɐi 闭低　ei 美梨　œy 对水　ɔi 代该
　　ui 杯妹　au 包靠　ɐu 头九　ou 刀租　iu 表条

鼻音尾韵母：am 担三　ɐm 心金　im 点欠　an 班丹　ɐn 奔文
œn 春笋　ɔn 安汉　in 面天　un 本观　yn 端捐
aŋ 彭耕　ɐŋ 朋能　ɛŋ 平井　eŋ 兵青　œŋ 良香
ɔŋ 帮汤　oŋ 凤公

塞声尾韵母：ap 答夹　ɐp 十及　ip 蝶劫　at 八达　ɐt 不失
œt 律出　ɔt 割恶　it 灭切　ut 泼阔　yt 夺雪
ak 白客　ɐk 北得　ɛk 踢石　ek 敌食　œk 略脚
ɔk 莫托　ok 木六

声化韵母：m̩ 唔　ŋ̩ 吴

韵母说明：

（1）广州话的元音音位有以下 8 个：a、ɐ、ɛ、œ、ɔ、i、u、y。除 ɐ 外，其他 7 个元音都可以单独做韵母，i、u、y 可以做韵尾。

（2）a 是舌面不圆唇的开元音，ɐ 是中性的开元音，在广州话中它们是两个不同的音位。a 总是长元音 aː，ɐ 总是短元音。因此，一般总是把 aː 省略为 a。a 可以单独做韵母，又可以与随后的 i、u、m、ŋ、p、t、k 结合成韵，ɐ 却不能单独做韵母。

（3）ɛ 是舌面前圆唇的半开元音，除单独成韵外，它只跟 -i、-ŋ、-k 结合，跟 -i 结合时舌位较高，实际上是 ei，因此不用 ɛi 而用 ei。

（4）œ 是舌面前圆唇的半开元音，以 œ 为主要元音构成系列圆唇韵母：œy、œn、œt，œŋ、œk 等。œ 在 œy、œn、œt 等韵中，舌位偏高偏后，接近于央元音 ɵ。

（5）ɔ 为舌面后圆唇的半开元音，o 是 ɔ 的音位变体。在广州话中有 ɔ、ɔi、ou、ɔn、ɔŋ、ɔt、ɔk 等韵母，其中 ɔ 和 u 结合时舌位较高，实际上是 ou 而不是 ɔu。oŋ、ok 跟 ɔŋ、ɔk 是不能混同的两组韵母。oŋ、ok 的舌位较低，实际上已接近 u，也可以用 uŋ 和 uk 来标示。

（6）广州话舌根尾韵母中，未见以 i 为主要元音的 iŋ、ik 两韵，因为这两韵的 i 舌位较低，实际音值是ɪ，应该是ɪŋ 和ɪk。还有，韵母中以 e 为主要元音构成的舌根韵尾韵母 eŋ、ek，其实际音值也是接近ɪ，也应是ɪŋ 和ɪk。ɛ 和ɪ在这里是同一个音位，我们就把这两类舌根尾韵合并，在韵母表中统以 eŋ、ek 来标示。

（7）y 是舌面前圆唇的闭元音，除单独成韵外，还可跟 -n、-t

结合构成 yn、yt，此外，y 还可作为韵尾跟 œ 结合成为 œy 韵。

（8）由于广州话没有介音的概念，就没有作为韵头的元音，同时却多了 j、w 两个半元音性的声母。iu、ui 两个复合元音中第一个元音发音较长较重，是主元音，第二个元音是韵尾。

（9）广州话的韵尾很丰富，有三类韵尾：第一类以高元音 i、u、y 收尾，有 10 个韵母；第二类以鼻音收尾，有 17 个韵母；第三类以塞音收尾，也有 17 个韵母。

3. 广州话的声调（9 个）

阴平	55 ˥或 53 ˥˧	夫诗
阳平	21 ˨˩或 11 ˩	扶时
阴上	35 ˧˥	苦使
阳上	13 ˩˧	妇市
阴去	33 ˧	富试
阳去	22 ˨	父事
上阴入	5 ˥	福识
下阴入	3 ˧	法泄
阳入	2 ˨	服食

声调说明：

（1）广州话九个声调分为平上去入四类。平上去又各分阴、阳两类，入声分阴、中、阳三类。因为中入是从阴入分出来的，一般又把阴入和中入分别叫做上阴入和下阴入。这样就形成了如下 9 个声调：阴平、阳平、阴上、阳上、阴去、阳去、上阴入、下阴入、阳入。广州话所有入声调的音节都以塞声 p、t、k 收尾，调值比较短促。就九个声调的音高来说，短促调上阴入的音高相当于阴平调的音高，下阴入的音高相当于阴去调的音高，阳入调的音高相当于阳去调的音高，形成 7、8、9 调配 1、2、6 调的音高格局，因此就有了广州话“九声六

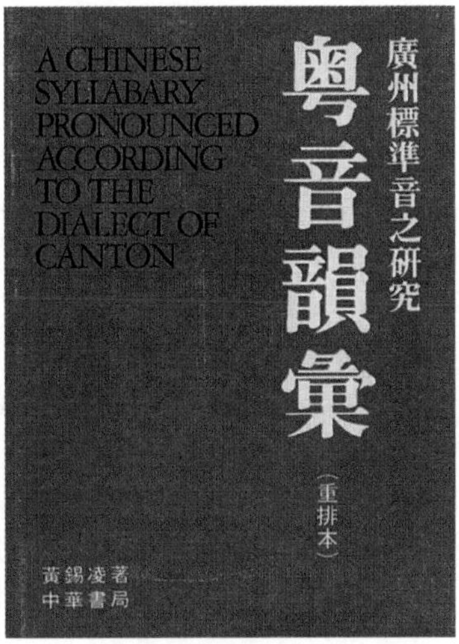

黄锡凌编纂的广州话经典韵书《粤音韵汇》（重排本）（香港中华书局 1979 年版）

调”之说，即认为广州话虽有九个声调，实际上只有六个调位。

（2）广州话阴平调有两个变体，既可念高平 55 ˥，也可念高降 53 ˥˧。在日常交际中，随意念 55 ˥或 53 ˥˧并不影响意思的表达。只是在个别语词中，55 与 53 有改变词性的作用。

（二）广州话语音的主要特点

总体上看，广州话的语音系统跟汉民族共同语及汉语各大方言比较，是属于比较复杂的一种。从前述广州话的声韵调情况看来，广州话语音系统的复杂性主要表现在韵母和声调方面，声母方面并不见得特别复杂。下面分别从声母、韵母和声调列举广州话的主要特点。

1. 声母方面

（1）部分广州话念 m 声母的字，来自古代“微”母和“明”母，这部分字在普通话中不读 m，如“微”、“文”、“晚”、“物”等字，在广州话中念 m 声母，这是广州话声母的突出特点。

（2）广州话无浊塞声母和浊塞擦声母。塞声母与塞擦声母只有清音不送气与清音送气之分，而无清音与浊音之分。如有 p、p‘而无 b，有 t、t‘而无 d，有 k、k‘而无 g，有 ts（tʃ）、ts‘（tʃ‘）而无 dz（ʤ）。古浊声母字在广州话中一般转念为相应的清声母字，这一特点被认为近于官话方言和北京音系。

（3）来自古见组声母（疑母除外）的字，不论韵母洪细，在广州话中都可以念 k、k‘、h 声母，不像普通话那样，“细音”韵母就不能配 k、k‘、h 声母。例如广州话中“叫”念 kiu^{33}，“启”念 k‘ɐi^{35}，“晓”念 hiu^{35}。与此同时，古“溪”母字也有一部分字，在广州话中念为喉门清擦音声母 h 的，这样一来，广州话的 h 声母实际上对应于普通话的 x、k‘、tɕ‘、ɕ 四个声母。例如“黑”、“开”、“轻”、“鞋”在广州话中都念为 h 声母，而在普通话中，则分别念为 x、k‘、tɕ‘、ɕ 四个声母。

（4）广州话的唇齿清擦音 f 来源较复杂，古非敷奉母和古晓母合口一二等都念 f 声母，如“分”、“昏”都念 fɐn^{55}，“夫”、“呼”都念 fu^{55}。此外，部分古“溪”母字，广州话也念为 f 声母。如“科”为 fɔ^{55}，“库”为 fu^{33}。

（5）广州话的鼻音声母有三个，除了 m 声母和 n 声母外，还有 ŋ

声母。古“疑”母字在洪音韵母（一二等）前大致都念 ŋ 声母。如“我” ŋɔ^{13}、“牙” ŋa^{21}、“外” ŋɔi^{22}、“岳” ŋɔk^{2}。

2. 韵母方面

（1）广州话的韵母较为复杂，与普通话相比，广州话有 53 个韵母，而普通话只有 39 个韵母，广州话要多出 14 个韵母来。广州话的韵母在普通话中没有的，据统计有 34 个，如以鼻音 m 和塞声 p、t、k 为韵尾的系列韵母；而普通话有、广州话没有的韵母，据统计也有 22 个，如由于广州话缺少介音，普通话以 i、u 为介音的一批韵母，在广州话中就都没有。

（2）广州话元音 a 在复元音韵母、鼻音尾韵母和塞声尾韵母中都有长短之别。长元音实际音值为 aː，短元音实际音值为 ɐ，它们是两个对立的音位，习惯上用 a 代表 aː，这种长短元音对立的现象在汉语方言中比较罕见。如：“街” kai^{55} 和“鸡” kɐi^{55}，“巧” hau^{35} 和“口” hɐu^{35}，“三” ʃam^{55} 和“心” ʃɐm^{55}，“翻” fan^{55} 和“昏” fɐn^{55}，“腊” lap^{2} 和“立” lɐp^{2}，“达” tat^{2} 和“突” tɐt^{2}。

（3）广州话有圆唇韵母 œ，以及一系列以 œ 为主要元音的韵母：œy、œn、œŋ、œt、œk 等，如：“朵” tœ^{35}，“去” hœy^{33}，“信” ʃœn^{33}，“上” ʃœŋ^{13}，“出” tʃœt^{55}，“略” lœk^{2} 等。

（4）广州话有一系列以鼻音 m、n、ŋ 为韵尾的鼻音尾韵母和一系列以塞音 p、t、k 为韵尾的塞音尾韵母（入声韵母），比较完整地保留了古汉语语音的特色，这也是广州话韵母一个明显的特色。如“金” kɐm^{55}，“难” nan^{21}，“当” tɔŋ^{55}，“立” lɐp^{2}，“辣” lat^{2}，“北” pɐk^{5}。

（5）广州话由于存在无介音的特点，在韵母的结构上就显示出有韵尾无韵头的特色。跟普通话比较，广州话没有做韵头的介音 i、u、y，也没有普通话韵母“四呼”的概念。广州话中的 iu、ui 韵母，第一个音素发音较长较重，不是介音而是主要元音。

3. 声调方面

（1）广州话的九个声调，完整地保留了古音声调的“平上去入”四声系统和声调发展中“各分阴阳”的一般规律。之所以有了九个声调，是在平上去入各分阴阳的基础上，阴入调又依韵母元音的长短分化出两个入声调来。这样就形成了阴平、阳平、阴上、阳上、阴去、阳去、上阴入（又称阴入一）、下阴入（又称阴入二或中入）、阳入等“广州九声”的声调格局。这样一个声调格局，在汉语方言中是颇具特色的。

（2）广州话声调尽管比普通话多出一倍以上，但仍有一定的对应规律可循。大致情况是：广州话的阴平与普通话的阴平对应；广州话阴上与普通话上声大致对应，广州话的阳上除 m、n、l、ŋ、j 等声母的字大体与普通话上声对应外，其余都读入普通话的去声；广州话的阴去和阳去跟普通话的去声对应；广州话入声调对应于没有入声的普通话，情况比较复杂，大致上声母为 m、n、l、ŋ 及一部分为 j 声母（古音次浊声母）的字在普通话中大都归去声，广州话属上阴入的字普通话以念去声的为多，广州话属阳入的字在普通话中多归入阳平。

查找广州音的经典字典《广州音字典》（广东人民出版社 2003 年版）

（三）广州话语音研究概述

1. 初期的研究

广东粤语的研究，从萌芽阶段一些民间流传的韵书算起，已有两百年以上的历史。拿 18 世纪至 20 世纪初颇为流行的粤语韵书《分韵撮要》来看，据彭小川教授的研究，她所收集到的较早版本是清乾隆壬寅年（1782）由虞学圃、温歧石所辑的《江湖尺牍分韵撮要合集》，其中上部为《江湖尺牍》，下部即为《分韵撮要》。1892 年陈澧所撰《广州音说》，可算是中国传统语文学中一部系统论述粤语音韵的著作，可惜这样的著作不可多得。至于用现代语言学的理论、方法来研究粤语的著述，则是 20 世纪初叶以后才出现的。像王力的《两粤音说》（1928）、戴仲杰的《粤音与国音的比较》（1929）、罗莘田（罗常培）的《关于广州话入声的讨论》（1932）、岑麒祥的《粤语发音实验录》（1936）等，大概可算是最早运用现代语言学方法来研究广东粤语的著述了。进入20世纪40年代，粤语研究有了明显的进展，突出的标志就是出现了几部迄今为止仍经常被引用的传世之作。其中黄锡凌所著《粤音韵汇》（上海中华书局1940年版）一书最受注目。此书为我国第一部用国际音标记录、研究广州方音的著作，全书正文包括检字索引、凡例、粤语韵目表、粤音韵汇检字、粤音韵汇凡例、粤音韵汇、广州标准音之研究等内容，卷末有两个附录。此书以韵母为经，声母为纬，记音准确，立论精当，对粤音研究影响至大。继黄氏之后，岑麒祥于20世纪40年代至50年代又相继发表了《入声非声说》（1942）、《广州音系概述》（1946）和《从广东方言体察语言的交流和发展》（1953）等重要文章；赵元任出版了《粤语入门》（英文版，1947）；王力、钱淞生发表了《珠江三角洲方音总论》（1950）；陈三苏发表了《广州话的上入和中入》（1952）；此外还有李瘦芝的《怎样掌握广州音和北京音的对应规律》（1956）和方淑珍的《英语和广州语音的比较分析》（1957）等。这就使粤语的研究开始打破沉闷的局面。到了20世纪50年代中期，几位日本学者加入粤语研究的行列，如藤塚将一发表了《广东话发音与音韵分类之研究》（1955）和《广东语全音表》（1955），赖惟勤发表了《关于广州方言的介音》（1954）和《广东话音韵论》（1958）。

值得一提的是，发表在《方言和普通话丛刊》第一辑上的陈慧英和白宛如的《广州音和北京音的比较》一文，是一篇比较全面展示粤语和民族共同语语音异同的文章，多年来深受粤语学者的重视，经常为一些粤语研究的论文所引用。尽管20世纪40至50年代的粤语研究已出现逐步发展的态势，有了一些研究成果，但总的来说，这一时期基本上仍处于开发阶段。进入60年代后，粤语研究却未见有多大的进展。这期间有几部实用的粤语工具书出现，如冯思禹的《广州音字汇》（香港世界书局1962年版），乔砚农的《广州音国音中文字典》（香港华侨语文出版社1963年版）和《广州话类推法》（香港华侨语文出版社1964年版）。学术刊物上也出现过一些有分量的论文，如林莲仙的《粤音与广韵比较表》（1963）、《论粤语的入声调》（1963），张日昇的《香港粤语阴平调及变调问题》（1969），黄家教的《广州话无介音说》（1964），宗福邦的《关于广州话阴平调的分化问题》（1964），似乎已显出广东粤语的研究有逐步深化的趋势。但整个60

年代，除了上面提到的几本工具书外，却没有其他堪称粤语研究的专著出现。可见直到20世纪60年代，粤语研究还未能形成“大气候”，而真正步入开拓进取，全方位接触到粤语各个部分、各个层面的研究工作，无疑是70年代以后的事。可以说，从70年代起，粤方言的研究才进入中兴时期。这个中兴时期从70年代初略见端倪，开始出现粤语研究的一些较大突破，到20世纪80至90年代，便逐步进入高潮，以至形成“长江后浪推前浪，一浪更比一浪高”的持续繁荣、硕果累累的局面。

20世纪70年代也出现过一些粤语语音工具书，如由香港政府印刷局发行的刘锡祥的《实用粤英词典》(1977)，香港中华书局的《普通话粤音中华新字典》(1978) 等。

2. 20世纪80年代以来的研究

20世纪80年代以来，粤方言的研究日新月异，无论是数量还是质量，都呈现出突飞猛进的气象。显著的表现有以下几个方面：

(1) 出现了一批相当有分量和具有一定学术水准的专著，在内容的深度或广度上都有所突破。研究的覆盖面也日渐扩大，改变了以往广东粤语研究的专著只涉及广州或香港等少数珠江三角洲粤语地区，极少外延至其他粤语通行点的状况。刚进入20世纪80年代，就有几部引人注目的粤语研究著作问世，如高华年的《广州方言研究》（香港商务印书馆1980年版）等。《广州方言研究》论及粤语的语音、词汇、语法三个方面，是一部比较全面触及粤语特色的著作。20世纪80年代中期，粤语研究中出现的最具影响力的新著，无疑首推詹伯慧、张日昇及粤、港两地几位年轻学人合作编纂的《珠江三角洲方言调查报告》。这是有史以来对粤语的“大本营”——珠江三角洲地区所进行的第一次较为全面的区域性方言调查所获得的成果。在詹、张的带领下，一批有志于粤语研究的年轻学人深入几十个方言点开展记录语音、汇集语料的田野工作，历时数载，最后结集成三卷本的调查报告，分别以《珠江三角洲方言字音对照》（广东人民出版社、新世纪出版社1987年版）、《珠江三角洲方言词汇对照》（广东人民出版社、新世纪出版社1988年版）和《珠江三角洲方言综述》（广东人民出版社、新世纪出版社1990年版）先后出版。这套三卷共150万字的著作，以其规模宏大、材料丰富、体例完善，获得了海内外学者的好评，被誉为广东地区方言研究史上的空前突破，大大充实了粤语研究的资料库，对于广东粤方言的全面深入研究，无疑产生了积极的推动作用。

《珠江三角洲方言字音对照》和《珠江三角洲方言综述》

踏入20世纪90年代，随着粤语研究的深入发展，又出现了几部很有影响的专著。其中最引人注目的就是李新魁、黄家教、施其生、麦耘、陈定方的《广州方言研究》（广东人民出版社1995年版），这是继80年代初高华年的同名著作以后，由广州中山大学几位语言学者通力合作完成的一部研究广州方言的力作。此书后出转精，全面深入地描述了当代广州方言的语音、词汇、语法，书中所述并不限于广州市区的口语，而是兼及广州郊区的20多个粤方言点，这就能够更广泛地反映当今广州地区粤语的真实面貌。此书在共时描写的同时，还进行了历时的研究，对广州方言的形成和发展，包括广州语音的历史发展及词汇、语法方面的古今传承等都进行了探讨和阐述。此外，此书还就广州话研究中经常提及的某些问题，如介音问题、音变问题等作了详尽的讨论。这样一部45万字的《广州方言研究》，被看作是对当代粤语深入研究的标志性著作，其应该是当之无愧的。

李新魁、黄家教、施其生、麦耘、陈定方合著的《广州方言研究》

还值得一提的是，就在撰写《广州方言研究》的同时，李新魁还为《岭南文库》撰写了一本35万字的《广东的方言》（广东人民出版社1994年版）。此书内容虽然包括广东三大方言——粤、闽、客家方言，而粤语作为广东方言中的“大哥大”，在本书中所占篇幅约有一半。书中对粤语的叙述并不限于广州地区粤语，而是着眼于广东各地的粤语，对广东粤语的形成和分布，语音、词汇、语法特点以至于广东各地粤语的内部歧异都有扼要的论述，堪称是和《广州方言研究》交相辉映、相互补充的两部粤语研究著作。

在大面积成片的粤语研究方面，以詹伯慧、张日昇领衔的港、穗两地粤语学人继前述在20世纪80年代完成珠江三角洲方言调查、写出三卷本调查报告以后，从1992年开始又继续北上粤北北江流域、西进粤西西江流域，先后实地调查了粤北10县市和粤西10县市的粤语，对上述共20个县（市）的粤语进行了记录、分析，整理出版了128万字的《粤北十县市粤方言调查报告》（暨南大学出版社1994年版）和132万字的《粤西十县市粤方言调查报告》（暨南大学出版社1998年版）。这两本调查报告分别论述了各调查点的语音、词汇和语法概况，还分别跟广州话语音进行比较，并附有若干显示特点分布的方言地图及各点语音对照和词汇对照情况，能大体上反映出粤北地区和粤西地区共20个粤方言点的语言面貌。从20世纪80年代到90年代，从珠江三角洲到粤北、粤西，这前后五部广东粤语的调查报告，涵盖广东粤语的大部分地区，为继续深入研究广东粤语打下了坚实的基础，近五百万字的粤语研究成果，无疑已成为海内外粤语研究同道必备的参考资料。

《粤北十县市粤方言调查报告》和《粤西十县市粤方言调查报告》

此外，20 世纪 80 年代开始在中国各地兴起的编修地方志高潮中，方言学界闻风而动，纷纷编起方言志来。广东粤语地区 10 多年来也陆续编出了一批方言志，其中有的篇幅较大，如李新魁主编的《广州市志——方言志》，能比较详尽地描绘出广州市及其郊区粤语的面貌，这也是广东粤方言研究的重要成果。只可惜广东粤方言地区编纂的方言志为数不多，正式出版的只有寥寥几本。

（2）广泛开展学术交流，举办了一系列粤方言研究的学术会议，汇集出版了多本粤方言研究论文集。20 世纪 80 年代以来，随着粤语研究事业的日渐繁荣，海内外同仁深感有必要加强学术交流，组织粤语的学术研讨会，以达到相互切磋、提高研究水平的目的。经过一番酝酿，1987 年 7 月 1 日，由香港语言学学会和香港中文大学发起主办的第一届国际粤方言研讨会终于在香港中文大学揭开了帷幕，50 多位来自海内外的粤语学者出席了会议，并在会上宣读了 40 多篇粤语研究的学术论文。这次国际粤方言会议，写下了现代粤方言研究史上重要的一页，把粤语的研究推进到一个新的阶段。自此以后，两年一届的国际粤方言研讨会便连续不断地轮流在香港（1993，香港城市理工学院；1999，香港大学），广州（1989、1995，暨南大学）和澳门（1990、1997，澳门中国语文学会）三地举行，至 2011 年已经开过 16 届研讨会了。毫无疑问，这一定期举办的粤方言研讨会，已成为海内外粤语学者切磋、交流粤方言研究心得，检阅粤方言研究成果最重要的场合。除了这一在粤语研究事业中起着重要纽带作用的国际粤方言研讨会外，由香港城市大学郑定欧博士倡导，以广州几家大学中一批年轻粤语学者为主的“今日粤语”小型学术研讨会，从20世纪90年代初开始，轮流在中山大学、暨南大学和华南师范大学举行，至2000年也已开过四次。这一研讨会每次都有一个比较集中的内容，多以研讨粤语语法问题为主。主办者把会期定在两年一度的国际粤方言研讨会的中间，即没有举行大型的国际粤方言研讨会那一年，便组织举行“今日粤语”研讨会。这对于活跃粤方言研究、增加同行切磋的机会来说，无疑是具有积极作用的。有了这一“大会加小会”的学术交流渠道，每年都有一次或大或小的粤语研讨会在香港、广州或澳门举行，这就为粤方言研究事业的持续发展提供了良好的条件。

学术会议的举行带来了学术论文集的编纂、出版。参加研讨会的学者都有一个共识：一届研讨会必须有一本集中反映该届研讨会成果的论文集出版。只有论文集出版问世，这届研讨会才算圆满成功，也才可以画上句号。就新世纪前已经举行过的七届国际粤方言研讨会看，在会上宣读的有关粤方言论文总数近400篇，平均每届研讨会收到的论文在50篇左右。这些论文除1993年在香港城市理工学院（现香港城市大学）举行的第四届研讨会一直未有汇编论文集的动静外，第一、第二、第三、第五届的论文集都早已成册送到粤语学者手中。1997年在澳门举行的第六届研讨会，论文集因故推迟问世，据说早已编纂完成，已送出版部门，可望近期完成。第七届研讨会（1999）的论文集作为《方言》杂志的增刊由商务印书馆出版，已与读者见面。前面提到的“今日粤语”小型研讨会，至新世纪前已开过四次，除1998年冬天举行的第四次研讨会，其论文集尚在编辑过程中外，前三届的论文集均以《广州话研究与教学》为题分三辑陆续出版。汇总四

“今日粤语”研讨会论文集
《广州话研究与教学》

次“今日粤语”研讨会的论文，总数也在100篇左右。

（3）从研究内容看，进入20世纪80年代中兴期以后，广东粤方言研究的覆盖面大大扩展，语音、词汇、语法全面深入发展。如今我们书架上的粤语论著，再也不只是研究广州、香港以及周边的珠江三角洲地区粤语的了。远至西江上游和粤西南，近至广州郊县具有特色的粤语，都有粤语学者染指。特别值得我们注意的是：在众多的粤语研究论文中，着力于揭示粤方言语法、词汇现象，深入挖掘粤方言语法、词汇特点的文章，呈日渐增多之势。

当然，从20世纪80年代到90年代这一二十年间，从内容上反映粤语研究突飞猛进、全面发展情况的，绝不仅限于语法研究。粤语语音的研究、粤语词汇的研究以及粤语历史发展的研究、粤语研究中理论和方法上的探讨等，同样也都在已有的基础上迈开了大步，取得了大量的成果。拿语音的研究来说，随着粤语调查面的大大扩展，我们可以从一些成片、成区的粤语调查报告中看到好几十个粤语方言点的音系，进一步认识到粤方言区各地在语音上的“同中有异、异中有同”。除此之外，在历届国际粤方言研讨会和海内外各种相关的学术会议上，以及一些学术刊物中，我们也可以看到不少就粤语语音现象进行深入探讨的文章，其中有的是老题目新议论，但不乏独特见解。如粤语有无介音问题、粤语声调问题、粤语元音中的长短音对立问题等，从1987年首届国际粤方言研讨会以来，历届研讨会都有学者发表论文。拿有无介音问题来说，已故的黄家教教授在首届国际粤方言研讨会上发表的《广州话没有介音？——粤语研究中一个有争议的问题》就一再论证他在20世纪60年代就已阐述过的“广州话无介音说”（《学术研究》1964年第2期）的观点。这个论点自早年黄锡凌的《粤音韵汇》开始，在许多粤语研究学者中似乎已有共识。可是，我们翻开前几届粤方言研讨会上的论文目录，再翻翻几本粤语研究的资料索引，如张日昇、甘于恩编的《粤方言研究书目》（香港语言学学会，1993）、郑定欧编的《广州话研究论著索引》（香港文化教育出版社1993年版）和《广州话研究与教学》第三辑（中山大学出版社1998年版）中的《广州话研究论文索引1993—1996》等，发现实际上对于广州话有无介音问题仍然存在着不同的看法。在第五届国际粤方言研讨会（1995，广州）上，张振兴、张惠英两位教授曾发表《广州话音系的分析和处理》一文，明确提出广州话音系不宜以“无介音”方式来处理。文中提到由于广州话音系被视为“无介音”，带来了“不便于其他汉语方言的语音系统的处理”。这个问题确实值得重视，说明“老问题”确有进一步商榷的必要，学者们各抒己见，也就不足为怪了。又如粤语音系的元音音位问题，长短元音对立问题，以至于某些韵母（如 œ 一类韵以及 ɔ、o 韵等）的问题，调类、调值的问题，变调的问题等，这些年来在研讨会上常有人提及。麦耘、施其生等学者都曾就这些问题发表过很有见解的论文。粤语学者提及此类问题时，并非都在炒冷饭、唱重复的调子，而是随着语言研究理论和方法的发展，思路常有新的开拓。张群显博士、李行德博士、陆镜光博士对广州音的研究就都发表过具有理论意义的见解（参看李行德：《广州话元音的音值及长短对立》，载《方言》1985 年第 1 期；张群显：《粤语元音的音长单位》，载《第一届国际粤方言研讨会论文集》，香港现代教育研究社 1994 年版；陆镜光：《粤语的［u］和［y］是否同一音位?》，载香港《语文杂志》1983 年第 11 期等）。

随着粤方言研究工作的蓬勃发展，对粤语进行历史溯源，或就其演变流程进行探索，把共时研究和历时研究结合起来，这方面的课题受到部分粤语学者的重视，相继出现了一些有分量的论文，填补了长期以来这方面研究的空白。如已故的李新魁教授便是在粤方言历史研究方面富有见解的一位学者。他的系列论文《广州方言形成的历史过程》（《广州研究》1983 年第 1 期）、《一百年前的广州音》（《广州研究》1987 年第 10 期）、《粤方言语音特点探论》（《广东社会科学》1990 年第 1 期）、《数百年来粤方言韵母系统的发展》（《学术研究》1990 年第 4 期）、《粤音与古音》（《学术研究》1996 年第 8 期）等，是我们研究粤语历史发展的宝贵资料。又如林柏松的《近百年来澳门话语音的发展变化》（《中国语文》1988 年第 4 期）是首篇论及澳门粤语历史演变的文章，也深受粤语学者注目。此外，还有一些从比较语言学的角度对粤语与邻近民族语言关系进行探讨的文章在历届粤方言研讨会上宣读过，如戴庆厦的《汉藏语与粤语》（《第一届国际粤方言研讨会论文集》，香港现代教育研究社 1994 年版）、陈佩瑜的《粤方言与侗台语语音系统的比较》（《第二届国际粤方言研讨会论文集》，暨南大学出版社 1990 年版）等。这方面的研究富有开拓性，对于进一步扩大粤方言研究的视野，无疑都是有积极意义的。

(4) 把粤语研究的丰硕成果转化为粤语社会应用中的宝贵财富，充分发挥语言研究为语言实践服务的作用，在 20 世纪 80 年代开始蓬勃发展的粤语研究中，呈现着日渐增强的趋势，这可说是粤方言研究和其他汉语方言研究显著不同的一个特色。近 10 年来，粤语教材和粤语辞书不断推出市场，已是有目共睹的事实。在第五届国际粤方言研讨会（1995，广州）中，粤方言的社会应用问题就已是大家普遍关注的课题。在那次研讨会上，有近 10 篇论文是讨论粤方言应用方面的问题的，相当引人注目，令人有耳目一新之感。如美籍粤语学者林柏松关于在美国利用电脑进行粤语语音教学的经验介绍，蔺苏等几位香港学者提出的“电脑辅助粤语速记方案”，资深粤语学者饶秉才关于修订广州话拼音方案的设想，梁启昌、曾子凡等关于对外粤语教材的评析、关于词语对译及其教学的讨论等，都是在粤语的教学、应用方面下过工夫的经验之谈。粤语学者密切关注粤语应用问题，在第六届国际粤方言研讨会（1997，澳门）上，又有进一步的发展。突出的例子是香港语言学学会张群显、陆镜光等同道提出了完善他们于 1993 年制订的“粤语拼音方案”的意见，并为推介这一方案，在澳门研讨会期间专门组织了一个小型的座谈会，对“粤语拼音方案”进行了认真的讨论。为了更好地服务于粤语的社会应用，广东省中国语言学会于 1990 年发起组织粤、港、澳二十几位粤语专家成立了粤语审音委员会，针对粤语音读中存在的歧异现象开始进行紧张的审音工作。《广州话正音字典》经历漫长岁月最终总算完成的事实，反映出粤、港、澳的同道们是如何关注粤语应用的问题，也反映出各地粤语学者愿意齐心协力、同心同德，使粤语研究能够更好地为海内外的粤语使用者提供有效的服务。

詹伯慧主编的《广州话正音字典》（广东人民出版社 2002 年版）

3. 新世纪以来的研究

进入新世纪后，暨南大学出版了标志性成果《广东粤方言概要》（詹伯慧主编，甘于恩等参编，暨南大学出版社 2002 年版）。自 2004 年起，又有几部较有影响的专著：

彭小川将多年来的研究成果结集为《粤语论稿》（暨南大学出版社 2004 年版）出版，反映了其对粤语语音研究的最新见解。

荣获广东省首届社科优秀成果一等奖【政府奖】（2005）的《广东粤方言概要》

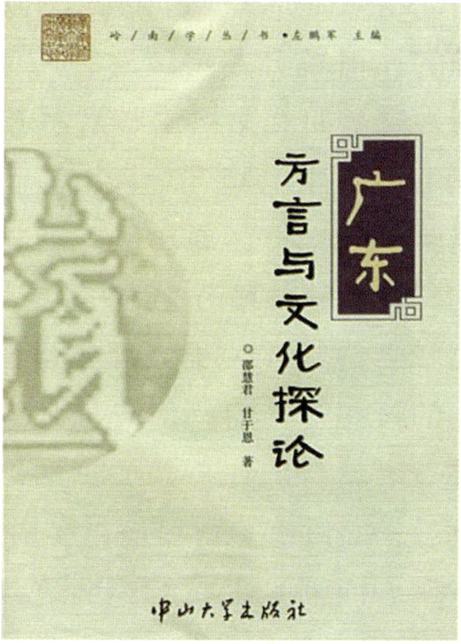

《广东方言与文化探论》

华南师范大学的邵慧君致力于粤语语音数据库的建设，亦关注岭南方言与文化的关系，她和甘于恩合作出版了《广东方言与文化探论》（中山大学出版社 2007 年版）。该书分语音、词汇语法、词语考释、方言与文化四个部分，涉及粤、闽、客、土话各方言，有一定的参考价值。

值得一提的是，南开大学的粤籍学者刘叔新编纂的《东江中上游土语群研究——粤语惠河系探考》（中国社会出版社 2007 年版）对惠州一带的土语系属提出了新见，认为这一带的方言属于早期粤语，这一观点在学术界尚有争议，但该书材料丰富翔实，填补了诸多方言点的材料空白，弥足珍贵。

在这段时期内，香港亦出版了一些有分量的研究专著，如美国学者余霭芹出版了《台山淡村方言研究》（香港城市大学语言资讯科学研究中心 2005 年版），对淡村话的音系、词汇和句法特点进行详细的描写，材料十分珍贵。刘镇发的《方言及方言史论集》（香港霭明出版社 2004 年版）主要讨论粤语、客家话和土话的语音、分区及历时表现等问题，不乏新见。

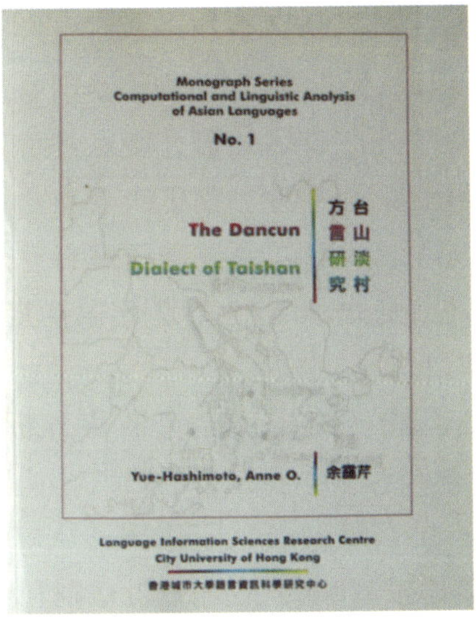

美国学者余霭芹著《台山淡村方言研究》

刘叔新著《东江中上游土语群研究——粤语惠河系探考》（中国社会出版社 2007 年版）

詹伯慧在《“九五”广东的汉语方言研究》（《中国语文通讯》2004 年第 55 期）和《当前汉语方言研究中的几个问题》（《国际汉学集刊》2004 年第 1 期）这两篇文章中对广东方言研究和粤语研究进行了比较全面的综述；他还发表了《粤语研究的当前课题》（《方言》2007 年第 1 期；《粤语研究》2007 年创刊号）一文，对粤语研究的历史和历届粤方言研讨会进行回顾与总结；甘于恩、詹伯慧发表《20 世纪 80 年代以来粤语研究的回顾与展望》（《外语艺术教育研究》2005 年第 1 期），则对 25 年来的粤语研究进行总结，并对未来发展提出一些看法；伍巍的《粤语》（《方言》2007 年第 2 期）以及伍巍和詹伯慧的《广东省的汉语方言》（《方言》2008 年第 2 期）是新编《中国语言地图集》的说明文字，对广东汉语方言和粤语的分布、分区和主要特点做了扼要的阐述；张双庆和庄初升合写的《广东方言的地理格局与自然地理及历史地理的关系》（《香港中文大学中国文化研究所学报》2008年第48期）揭示了广东方言现有格局的历史渊源和现实因素。

施其生的《一百年前广州话的阴平调》（《方言》2004年第1期）利用两本早期广州话教材，对一百年前广州话的阴平调值进行考察和构拟，颇有启发性。甘于恩和吴芳的《广东顺德（陈村）话调查记略》（《粤语研究》2007年第2期）对陈村话的音系和基本特点进行了概要性的描述，丰富了对广府话的认识；陈晓锦、陈滔《泰国曼谷广府话》（《方言》2006年第4期）对境外广府话的语音特点进行研究；邵宜、冼伟国《吉隆坡现代粤语阳上变阴去现象解因》（《广州大学学报》2004年第10期）则对吉隆坡粤语的声调变异进行解释；梁慧敏的《香港粤语的声调变异现象》（《粤语研究》2007年第2期）观察了香港粤语的声调变异。

实验语音学的研究有：石峰和刘艺的《广州话元音的再分析》（《方言》2005年第1期），采用语音学和音系学相结合的方法，从语音格局的角度把广州话元音分为四级；侯兴泉的《关于广州话 -k 塞尾入声变化的调查实验》（《暨南大学学报》2005年第2期）则利用语音实验手段，对入声韵尾的形态做了较好的观察；张凌《广州话入声音节在语流中的时长特性》（《中国语文研究》2008年第1期）亦是类似的研究。李书娴《关于广州话阴去调和阳去调的听辨实验》（《方言》2008年第1期）通过听辨实验表明“阴去调和阳去调确实有开始混淆的迹象”。

澳门粤语的研究论文则有：吴伟雄《澳门土生粤语语音特点及其变异的原因》（《中国语文研究》2004年第1期）。

四、广州话的词汇特点

广府方言（粤方言）由于其特殊的人文历史背景和自然地理环境，或直接或间接地影响到其词汇的形成和发展，使得广州话词汇与民族共同语及其他方言存在着不少差异，显示出多彩多姿的词汇特色。据不完全统计，在广府方言（粤方言）的基本词汇中，约有三分之一的语词与民族共同语不同，属特色语词。以下从词汇来源、构词特色和词义特点等几个方面切入，来讨论广州话的词汇特点。

（一）广州话词汇的来源

1. 古词语的沿用

广州话保存有一大批古汉语的语词，包括以下两类：一类是现代汉语中已不再出现，但在书面语中，尤其是文言文或成语中仍可能见到的古语词；另一类是虽在现代汉语中仍常见，但某些义项或已消失，或已发生变化，而在当今的广州话中，却依旧使用古汉语义项的古语词。许多不同类型的古汉语语词，迄今仍栩栩如生地活跃在说广州话者的日常生活中，堪称广州话词汇的一大特色。下面分别以“保留古词”和“保留古义”为题举例介绍：

（1）保留古词。

一些在民族共同语中已不使用的古汉语语词，在广州话中经常被使用。例如：

畀：给予。《集韵》必至切，《尔雅·释诂》：“畀，赐也。”

屙：排泄大小便。《玉篇》：“乌何切，上厕也。”

潲：洗米、洗菜的水，广州话叫潲水。《玉篇》水部：“山教切，臭汁也。”

菢：指孵。广州话“孵小鸡”说成“菢鸡仔”。《广韵》号韵：“薄报切，鸟扶卵也。”

脢：广州话指动物脊背两旁的肉为“脢肉”，如“到菜场买猪脢肉”。《广韵》灰韵：“莫怀切，脊侧之肉。”

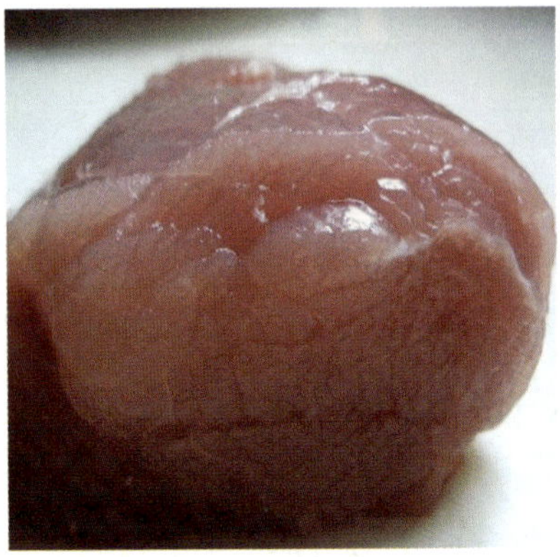

脢肉

以脢肉为主料的菜肴

拎：广州话手提物件叫“拎”。《广韵》郎丁切：“手悬捻物。”

揞：用手覆盖东西。广州话说“揞住”，如“揞住本书”。《广韵》感韵：“乌感切，手覆。”

徛：站立。广州话通常写作“企”。《广韵》纸韵：“渠绮切，立也。”

渠：第三人称代词，广州话通常写作“佢”。《集韵》求於切：“吴人呼彼。”

睇：广州话“看”说“睇”，如“睇书”（看书）。《广雅·释诂》：“睇，视也。”

佮：意指合伙、聚合。广州人合伙经商就说“佮份做生意”。《集韵》合韵：“葛合切，《说文》：‘合也。’”

（2）保留古义。

有许多古代的常用语词在汉语普通话和一些方言中也可见到，但其古义却不像广州话那样经常活跃在日常口语中。如：“利”指锋利，广州话“把刀好利”，这里的“利”用的正是古义。《韩非子》：“矛之利，于物无不陷也”。“悭”指节俭。广州人常说“悭啲”，意思是

"节约一点"。《广韵》苦闲切:"吝也"。"着"指"穿着",广州话"着衫"是"穿衣服"的意思,这是后起的古义,如《木兰诗》:"脱我战时袍,著(着)我旧时裳。"这类保留古义的常用词在广州话中比比皆是。下面再举一些词与普通话对照:

广州话	普通话	广州话	普通话
颈	脖子	无	没有
翼	翅膀	皆因	都是因为
饮	喝	卒之	终于
行	走	旧时	从前
话	说	若果	如果
斟	叙谈	无他	没别的
幼	细	适值	恰逢
晏	迟,晚(不早)	抑或	或者是
索	绳子	今日	今天
禾	稻子(水稻)	衫裤	整套的衣服
面	脸	周身	全身

2. 少数民族语言的同源词

在漫长的发展过程中,粤方言与南方古越语(百越语言)有比较密切的接触,势必出现相互影响、相互渗透的情况,以至于当代粤语难免掺杂了一些南方少数民族(古代的百越)语言的成分。今天我们考察广州话中的特色语词,有一些并非来源于古汉语或外来语,又分明不是本方言区人民群众自创的新词,但我们往往能在今天岭南地区的少数民族语言(如壮语、黎语等)中找到一些蛛丝马迹,这说明这些独特的粤语语词很可能就来源于古越语。在广州话中,它们往往是生命力很强的语词,有的可能是粤方言直接从少数民族语言中借入的,有的也可能自古就是跟少数民族共同使用的。它们无疑都应看作是当代广州话特色方言词中的一个组成部分。我们姑且称之为"少数民族语言的同源词"。例如:

"呢" ni^{55}:广州话表示近指的指示代词。这个词是在壮侗语各族语言以及瑶语、京语中都存在的,语音有各种近似的形式,说明广州话的指示词“呢”很可能是从壮侗语借入的。

“痕”hɐn^{21}：广州话“痒”的意思。壮语、布依语、侗语、黎语等都有这个词，意思也都是“痒”。如壮语作hǎn^{31}，解释为“因中毒而发痒”。

“孭”mɛ^{21}：广州话背小孩叫“孭”。壮语各地都有这个词。

“杰”kit^{2}：广州话“稠”的意思，如“杰粥”指稠的稀饭。壮语有此词，音kɯt^{3}。

“甩”lɐt^{5}：“脱落”的意思。黎语、壮语、布依语皆同。如黎语lǎt^{55}也是滑脱的意思。

“冧”lɐm^{33}：广州话“倒塌”的意思。壮语有这个词，音lɔm^{35}，同样表示“倒塌”。

“趟”nam^{33}：广州话“跨”的意思，如“趟过去”是“跨过去”的意思。黎语、壮语都有。如黎语nam^{55}也是“跨”的意思。

“嬲”nau^{55}：广州话生气、发怒说“嬲”。壮语中也有此词。

“虾”ha^{55}：广州话指欺负，如“虾人”意为“欺压人”。壮语、黎语均有，壮语音ha^{24}。

“擗”p‘ɛk^{2}：广州话“扔掉”的意思。此词黎语中也有，音p‘ɛŋ^{11}，同为“扔掉”义。

“踎”mɐu^{55}：广州话“蹲”的意思。壮语中也有此词，音mɐu^{35}，同为“蹲”意。

“□”ŋou^{21}：广州话“摇”的意思，把药水摇匀就说“□匀”。壮语中有此词，说成ŋau^{31}。

“冚”k‘am^{35}：广州话“盖”的意思。在壮语、黎语、傣语等都有这个词，意思都是“盖”。

“嘥”ʃai^{55}：广州话指“浪费”。壮语中也有此词，音sai^{24}，意思也是“浪费”。

“曳”jɐi^{22}：广州话用“曳”泛指差、劣的意思，有时也指“淘气”。这个词壮语中也有，音jǎi^{31}。

“戆”ŋɔŋ^{22}：广州话指“傻、呆”。黎语中也有此词，音ŋǎŋ^{55}，也是“傻”的意思。

“腍”nɐm^{21}：广州话指软或食物煮得烂。如“煮腍未?”是问“煮烂了没有”，壮语中也有这个词，音nǎm^{31}，“烂熟”的意思。

“趸”tɐn^{35}：广州话“放”的意思。黎语中有这个词，音tan^{53}，也是

“放”的意思。

“掂”tim^{33}：广州话“触碰”的意思。壮语中有这个词，音 tǎm^{55}，也是“触碰”的意思。

3. 吸收外来词

粤方言地处华南滨海地区，广州向来是中国与世界经济文化交流的重要窗口和前沿地带。特别是近代海禁大开，广州更成为对外贸易的重要门户。在和外国人的接触中，难免也产生语言间的接触和交融，这就给以广州话为代表的粤方言带来了一些来自域外的语词。加上长期以来侨居海外的华侨华裔很多，其中说粤方言的更占有很大比重。说粤语的侨胞自海外归来，也不免会把所见所闻连同表达海外事物的语词也带进来。与普通话和其他汉语方言相比，粤方言吸收了更多的外来语词，这也算是体现粤方言词汇特点的一个方面。这些外来语词主要来自世界上通行地域最广的英语，它们已成为粤方言地区日常语言交际中的“常客”。近几十年来，随着改革开放政策的实施，南北交往日益频繁，“粤方言北上”之风导致一部分粤语中的外来词也随之进入北方方言以至民族共同语中，有的甚至已作为新兴词语被吸收到《现代汉语词典》中来，如“巴士”、“的士”、“贴士”、“蛋挞”、“T 恤”之类。广州话中吸收外来词的方式各式各样，详见第八部分“广府方言与外来文化”。

4. 自创方言词

就语源来看粤方言的词汇特色，除上述几方面外，还有一大批无法考出其来源的特色方言词，这些词应该说大都是本方言区人民结合方言地区的具体情况创造出來的，能够适应本方言区日常生活的需要，反映本地经济、文化及日常生活的特色。随着社会和语言的发展，这类深具特色的方言词无疑还会不断增加，使方言词汇更加丰富、更加充实。由于粤语地区历来方言文学比较发达，方言词汇“入文”的现象相当普遍，导致许多记录方言口语词的方言字也应运而生，用自创的方言字书写粤语词，这正是广州话的特色所在。例如：

嘢 jɛ^{13}——东西	揼 mɐŋ^{55}——拔起
餸 ʃoŋ^{33}——菜（下饭的）	冚 k‘ɐm^{35}——盖
脷 lei^{22}——舌头	喼 kip^{5}——箱子

抌 tɐm^{35}——捶，扔
呃 ak^{5}——骗
奀 ŋɐn^{55}——瘦小
嗌 ai^{33}——叫，喊
揾 wɐn^{35}——寻找
喐 juk^{5}——动
乸 na^{35}——表雌性动物的词尾
甴曱 kat^{2}tʃat^{35}——蟑螂

龙脷草煲猪横脷

以上都是用独有方言字表示的广州话方言词，在一些以粤方言撰写的作品中，这些方言字经常可以遇见。还有一些粤方言的特色语词，用的是通用汉字，代表的却都不是汉字原来的意义，只不过借用同音字来代表另一个粤方言的语词罢了。例如：

点 tim^{35}——怎么样
闹 nau^{22}——骂
喊 ham^{33}——哭
叹 t'an^{33}——享受
整 tʃeŋ^{35}——做，修理
杰 kit^{2}——稠，浓
坚 kin^{55}——好（质量等）
宿 ʃok^{5}——馊，汗臭
弊 pɐi^{22}——糟糕
矛 mau^{21}——野蛮
蚊 mɐn^{55}——元（货币）

而家 ji^{21}ka^{55}——现在
牙烟 ŋa^{21}jin^{55}——危险
论尽 lœn^{22}tsœn^{22}——累赘，笨手笨脚，麻烦
百厌 pak^{3}jim^{33}——（小孩）淘气
牙刷 ŋa^{21}tʃ'at^{3}——形容自负、要强的人
点解 tim^{35}kɐi^{35}——为什么
企理 k'ei^{13}lei^{13}——整齐，有条理
肉紧 jok^{2}kɐn^{35}——着急
因住 jɐn^{55}tʃy^{22}——小心，留神
闹交 nau^{22}kau^{55}——吵架
孤寒 ku^{55}hɔn^{21}——吝啬

扯 tʃʻɛ^{35}——回家　　　闭翳 pɐi^{33} ɐi^{33}——郁闷

在自创的方言词语中，广州话还长期积累下来许多生动活泼、多彩多姿的熟语，包括惯用语、歇后语、谚语等等，这些也是广州话特色词汇的组成部分。下面略举一些：

【惯用语】

打斧头——揩油

电灯胆——不通气

炒鱿鱼——比喻被解雇，卷铺盖走人

车大炮——讲大话，说谎

叹世界——享清福，享受眼前事物。如“叹空调”，“叹报纸”等

食死猫——吃哑巴亏

食谷种——吃老本

甩晒须——丢光了脸

算死草——十分吝惜

放葫芦——有声有色地吹牛、撒谎

鬼打鬼——喻内部争斗

【歇后语】

雷公打交——争天共地（惊天动地）

卖鱼佬洗身——无腥（声）气（意思是“没希望”、“没消息”）

老公拨扇——妻（凄）凉

师姑裤脚——绑死一世

冷巷担竹竿——直出直进

老鼠拉龟——无从下手

东莞腊肠——又短又粗

方底圆盖——合不来

豉油捞饭——整色整水（装模作样）

冇柄茶壶——得把嘴（光有嘴巴，意谓只会说）

茶叶翻渣——冇味

草蜢斗鸡公——嫌命长

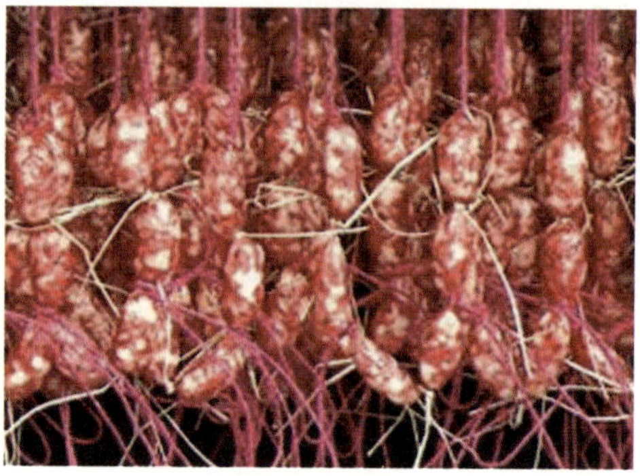

东莞腊肠

【谚语】

屋宽不如心宽。

出门无六月。(意谓出门要备足行李)

大石迮死蟹。(意指使用高压手段)

火猛不怕柴湿。(喻正面力量大，作用就大)

马死落地行。(失去优越条件后不得已选择更加艰苦的对策)

田螺唔知身扭，由甲唔知身臭。(喻缺乏自知之明)

画公仔画出肠。(喻表达过了头)

披蓑衣救火。(喻惹祸上身)

人摇福薄，树摇叶落。(意谓切戒轻佻)

瓜无滚圆，人无十全。

有中错状元，冇起错花名。(意谓绰号往往一如其人)

打铁预短，截木预长。(喻行事须留有余地)

雁怕离行，人怕孤单。

敬老得福，敬田得谷。

蓑衣

（二）广州话构词方式的特色

广州话构词方式的特色主要体现在音节的多寡和词缀的差别上，以下分别讨论。

1. 音节的多寡

跟普通话词汇相比，同一词语在广州话中所显示的音节数目（长短）就有不少差异。这主要是由于入声调的消失造成大量同音现象，为了辨义起见，现代汉语的词语多已从古代的单音节走向双音节了，而粤方言部分词语仍保留在单音节状态。例如：

广州话	普通话
衫	衣服
明	明白
耳	耳朵
知	知道
眼	眼睛
窿	窟窿
易	容易
蔗	甘蔗
惯	习惯
蚁	蚂蚁
尾	尾巴

2. 词缀的差别

汉语普通话和各方言多少都有一些构成双音节（多音节）词的词缀（包括词头和词尾）。有无词头词尾或使用不同的词头词尾，也显示出不同的构词特色。广州话的词缀多样，其中有不少普通话或其他方言没有的词缀，如词头“阿”，词尾“仔”、“佬”、“婆”、“女”、“妹”、“公”、“乸”等。广州话以词尾“仔”表“小”义，而普通话中最常见的表“小”义的词尾则是“子”和“儿”。广州话有许多加了词头或词尾的语词，在普通话中是并不附加词头词尾的。下面分别举例说明：

（1）广州话的词头“阿”（又写作“亚”）放在亲属称谓或姓名的前面，在邻近的闽方言中也有此种用法，但在北方方言中未见出现。这个“阿”用法与普通话中的“老”近似，但普通话的“老”多少有点亲切感，对不熟悉的人是很少说“老×”的；而广州话中，加“阿”词头却没有表示亲切的意味。例如：阿哥、阿嫂、阿陈、阿俊、阿明、阿英等，都是不含亲切意思的。

（2）广州话中用得很多的“仔”tʃɐi[35]，除了单用时是“儿子”、“男孩子”的意思外，作词尾用时主要表示“小”义，类似于普通话的“子”和“儿”，但适用范围也不尽相同。普通话中有些不表“小”义的“子”，广州话就不能加词尾“仔”；反之，广州话也有一些加了词尾“仔”的，在普通话中也不能加“子”。

	广州话	普通话
广州话用“仔”，普通话用“子”或“儿”的	雀仔	鸟儿
	鸭仔	鸭子
	傻仔	傻子
	肥仔	胖子
	男仔	男孩儿（男孩子）
	女仔	女孩儿（女孩子）
	后生仔	小伙子，年轻的男孩子
	歌仔	歌儿
	古仔	故事
广州话用词尾“仔”，普通话不用词尾“子”或“儿”的	烟仔	香烟
	哑仔	哑巴
	纸仔	便条
	衫仔	小衣服
	书友仔/同学仔	小同学
	孤寒仔	吝啬鬼
普通话有用词尾“子”或“儿”，广州话没有词尾“仔”的	杯	杯子
	票	票子
	日	日子
	柜	柜子
	领	领子
	鞋	鞋子
	袖	袖子
	裤	裤子
	钳	钳子
	花	花儿

(3) 广州话的指人词尾“佬”放在某种事物或某种工作之后，用以表示从事该工作的成年男性，类于普通话的“匠”、“师”等。例如：

飞发佬——理发师　　收买佬——拾荒者
报纸佬——派送报纸的人　　耕田佬——庄稼汉
泥水佬——泥瓦匠　　补鞋佬——补鞋匠

“佬”在指成年男子时，有时也放在形容词或地名的后面，多少带有一点轻蔑色彩。例如：

傻佬——傻男人
乡下佬——农村的男人，有“乡巴佬”的意思
咸湿佬——好色的男人
孤寒佬——吝啬的男人
客家佬——客家地区的男人
寡佬——单身汉
贼佬——贼，强盗

(4) 广州话另有一个与“佬”相对的指人词尾“婆”，用以表成年女性。其作用与“佬”近似，多表示所从事的职业，也有放在形容词后面的，带有轻蔑的意味。例如：

事头婆——女店主，女主人
车衫婆——以缝纫衣服为职业的女人
洗衫婆——以洗衣服为业的女人
凑仔婆——带孩子的女人
肥婆——胖女人
癫婆——疯女人
八卦婆——好管闲事的女人

(5) 广州话还有两个跟指称男孩子的“仔”相对的，用来指称小女孩和年轻女孩的词尾“女”和“妹”mui^{55}。例如：

叻女——能干的女孩子　　傻女——傻姑娘
乖女——乖巧的女孩子　　后生女——年轻女子

靓女——漂亮的女子　　　　广州妹——广州姑娘
学生妹——女学生　　　　傻妹——傻女孩子（昵称）

（6）广州话中有一对主要用来区分动物“雄”、“雌”的构词词素“公”和“乸”。例如：

鸡公——公鸡　　　　鸡乸——母鸡
狗公——公狗　　　　狗乸——母狗
猫公——公猫　　　　猫乸——母猫

除用于动物外，“公”也用来指老年或成年男子。例如：

伯爷公——老大爷　　　　盲公——瞎子

“乸”则很少用来指人，口语中偶尔可以听到有以“婆乸”称中老年妇女的说法，这多少带有不够友好的味道。

前面提到，广州话有特色的构词词尾比较丰富，除上述几种外，还有其他一些：“头”（名词标志，如：男仔头），“法”（表示方式、状态，如：讲法、食法、玩法），“包”（指人，带责备口吻，如：喊包，指爱哭的孩子；衰女包，对女孩的昵称），“友”（对男子的称呼，有时含贬义，有时又有亲昵的意思。如：为食友，指嘴馋者；蛊惑友，指奸诈、滑头的人）等。

（三）广州话词义的特点

与普通话及汉语其他方言比较，粤方言在词义方面也显示出其独特之处。下面将广州话词义与普通话词义进行比较，可以看出其间的差异。

1. 义项不对应

（1）广州话义项多于普通话。例如：

	广州话	普通话
八	①数目：七加一 ②饶舌、闲扯	七加一的数目

（续上表）

	广州话	普通话
肥	①含脂肪多（用于动物和人） ②油腻	含脂肪多（除“肥胖”、“减肥”外，只用于动物，不用于人）
薯	①薯类作物 ②形容人蠢笨	薯类作物
埋	①盖住 ②藏 ③靠近 ④闭、合 ⑤结账（埋单） ⑥表趋向	①盖住 ②藏

（2）广州话义项少于普通话。例如：

	广州话	普通话
棒	木棒	①木棒 ②杰出，有本领
面	面条	①粮食磨成的粉，如“面粉”、“玉米面”等 ②面条，如“汤面”、“挂面”等 ③瓜果纤维少而柔软，如“这白薯很面” ④粉末，如“胡椒面儿”、“白面儿”
美	只作语素，不单独成词	①好，舒服 ②漂亮，美好 ③得志

2. 形同义不同

广州话与普通话词语形同义不同的如：

词形	广州话词义	普通话词义
喊	哭	叫
恨	渴望	憎恨
屋	房屋整体，如“起屋”	房间
房	房屋里的房间	房子

（续上表）

词形	广州话词义	普通话词义
拉	抓（人）	拉（人）
月光	月亮	月亮的光芒

3. 义项多寡不一

（1）广州话只用一个词来表示多个义项，普通话却必须以多个词来表示。例如：

	广州话	普通话
除	除	脱下
		除了
		摘下
茶	茶	茶
		中药
狼	狼	狼（动物）
		凶猛
放水	放水	小便
		泄密

（2）普通话用一个词就可以表达多个义项，但广州话必须用多个词来表达。例如：

	普通话	广州话
该	该	欠钱（争钱）
		应该
		抵、抵死

五、广州话的语法特点

粤方言的特点主要表现在语音、词汇方面，但在语法方面，也同样存在着不容忽视的特色。语法一般分词法和句法。句法特色在语法中是十分引人注目的，诸如某些语序上的特点和某些与众不同的句式特点等，我们会在这里择要加以举例说明。总之，在有限的篇幅里，我们将尽量概括出粤方言广州话中一些突出的语法现象。

（一）构形上的特点

构形是指通过词的形态变化来表现语法意义上的变化。汉语一向被认为是缺少词的形态变化的语言，我们通常称之为分析型语言。但经过近几十年比较广泛的调查，已陆续发现在汉语的一些方言中存在着不同程度的形态变化。粤方言在这方面也有一些特色，主要通过词的语音变化和词的重叠形式来表现：

1. 变调

广州话通过变调方式可以达到词性变化和实现动词体貌变化的目的。分别举例说明：

（1）变调改变词性。

广州话阴平调有55和53两个调值，在一般情况下并不对立，但某种情况下，53与55的不同，却能显示出不同的词性：动词读53调，而名词则读55调。例如：

变调	例字	53 调	55 调
53→55	钉	钉 tɛŋ^{53}鞋	铁钉 tɛŋ^{55}
	筛	筛 ʃɐi^{53}米	一张筛 ʃɐi^{55}
	闩	闩 ʃan^{53}门	门闩 ʃan^{55}
	干	晒干 kɔn^{53}	菜干 kɔn^{55}

广州话另一种变调为高升 35 变调，本调为中、低调值的，大多可以采取这种变调形式。例如：

高升 35 变调	例字	33 调	35 变调
33→35	架	架 ka^{33}构	书架 ka^{35}
	扫	扫 ʃou^{33}地	鸡毛扫 ʃou^{35}
	片	片 p‘in^{33}刻	鱼片 p‘in^{35}
	拍	拍 p‘at^{3}手	球拍 p‘at$^{\underline{35}}$
22→35	犯	犯 fan^{22}规	罪犯 fan^{35}
	件	一件 kin^{22}	事件 kin^{35}
	磅	磅 pɔŋ^{22}秤	过磅 pɔŋ^{35}
21→35	黄	黄 wɔŋ^{21}色	蛋黄 wɔŋ^{35}
	陈	陈 tʃ‘ɐn^{21}列	阿陈 tʃ‘ɐn^{35}
	鹅	养鹅 ŋɔ^{21}	烧鹅 ŋɔ^{35}
	刨	刨 p‘au^{21}木	木工刨 p‘au^{35}

（2）变调表现动作行为的“完成体”。

广州话动词有多种不同的体貌。其中表示完成体的方式除后加助词“咗” tʃɔ^{35}（如“食咗”）外，还可以通过动词本身的变调来实现。例如：

【“食” ʃik】

我　　食　　喇

ŋɔ^{13}　ʃik^{22}　la^{33}——我吃了（ʃik^{2}未变调，不表示行为完成）

ŋɔ^{13}　ʃik^{25}　la^{33}——我吃过了（ʃik^{25}变调，表示行为已完成）

【“去”hœy】

佢　　去　　广州

k‘œy^{13}　hœy^{33}　kwɔŋ^{35}tʃɐu^{55}——他去广州

（hœy^{33}未变调，不表示行为完成）

k‘œy^{13}　hœy^{35}　kwɔŋ^{35}tʃɐu^{55}——他去了广州

（hœy^{35}变调，表示行为已完成）

2. 重叠

广州话在“重叠”这一语法范畴中也有一些与众不同的地方。“重叠”主要表现在名词、形容词和动词上，往往通过重叠构成新的词义或增添一点修辞色彩，或表现一定的语法意义。下面略举几种：

（1）ABB 式。

名词、形容词都可以有 ABB 式。名词的 ABB 式是在单音节名词后加一重叠成分，如：心思思（惦念着某人某事）、心郁郁（动心想办某件事）、眼碌碌（眼睛东转西转）。形容词的 ABB 式表示程度的加深，如：白雪雪（形容很白）、静英英（形容很静）、瘦猛猛（形容很瘦）。

（2）AAB 式。

双音节的形容词除了有跟普通话一样的 AABB 式（如漂漂亮亮、整整齐齐、干干净净、清清楚楚等）外，还有 AAB 式，如立立乱（形容很乱）、湿湿碎（形容零星、量少，引申为无足挂齿）、琴琴青（形容匆忙、仓促、毛躁等），这种重叠方式甚具广州话特色。

（3）VV 下、V 下 V 下、VAVB、V 来 V 去、V 埋 V 埋。

动词有多式多样的重叠方式，以下常见的几种很能显示广州话动词的特色。例如：

重叠方式	语义	例子
VV 下	表示动作持续进行一段时间	有人喺窗外望望下。（有人在窗口望了望。）
		本书睇睇下唔想睇。（这本书看着看着不想看了。）
		做做下先知呢件事都几麻烦。（做下来才知道这件事是很麻烦的。）
V 下 V 下	表示动作持续一段时间	睇下睇下佢就瞓着咗。（看着看着他就睡着了。）
		行下行下荡失咗路。（走着走着迷路了。）
		倾下倾下就过咗时间。（聊啊聊的时间就过去了。）

（续上表）

重叠方式	语义	例子
VAVB	表示动作行为重复出现，带有令人厌烦的态度	咪喺度阻手阻脚。（别在这碍事。）
		咪再搞三搞四喇。（别再胡搞了。）
		佢钟意到处讲三讲四。（他喜欢到处乱说。）
V来V去	表示动作反复	佢唱来唱去都系嗰支歌。（他老是唱那首歌。）
		佢经常响走廊行嚟行去。（他经常在走廊上走来走去。）
V埋V埋	表示动作多次重复，后面一般带有宾语	唱埋唱埋呢啲歌。（老是唱这些歌。）
		睇埋睇埋咁嘅书。（不断看这样的书。）

3. 重叠加变调

广州话重叠和变调这两类构形变化有时候会结合起来表示某种语法意义，使用这种方法最明显的莫过于形容词了。单音节形容词通过重叠再加变调，可以形成不同的形容程度。例如：

（1）重叠后，前一音节变调，表示程度的加强。如：

“白” pak^{2}——重叠加变调：白白 pak$^{2-35}$pak^{2}，表示很白
“红” huŋ^{21}——重叠加变调：红红 huŋ$^{21-35}$huŋ^{21}，表示很红
“长” tʃʻœŋ^{21}——重叠加变调：长长 tʃʻœŋ$^{21-35}$tʃʻœŋ^{21}，表示很长

（2）重叠后，后一音节变调，再加上一个词尾“哋”，表示程度减弱。如：

白重叠加变调　白白哋 pak^{2}pak$^{2-35}$tei^{35}，表示稍微有点白
红重叠加变调　红红哋 huŋ^{21}huŋ$^{21-35}$tei^{35}，表示稍微有点红
长重叠加变调　长长哋 tʃʻœŋ^{21}tʃʻœŋ$^{21-35}$tei^{35}，表示稍微有点长

（二）词类中的一些特点

1. 人称代词

粤方言广州话的人称代词不像普通话那样复数加词尾“们”，而是加“哋” tei^{22}，如：

	单数	复数
第一人称	我 ŋɔ¹³	我哋 ŋɔ¹³tei²²
第二人称	你 nei¹³	你哋 nei¹³tei²²
第三人称	佢 k'œy¹³	佢哋 k'œy¹³tei²²

普通话的“们”可以放在表人的名词后面表示多数，如“学生们”、“妇女们”、“工人们”、“农民们”等，而广州话的“哋”却不能放在名词后面，只有“人”可以说“人哋”（指“人家”），可算是一个例外。如可以说“人哋走晒喇”，意思是“人家走光喇（了）”。“人哋”有时也指“自己”，如“人哋唔中意，你又奈我何?”，意思是：“我不喜欢，你把我怎么样?”

2．指示代词

粤方言广州话的指示代词也很有特色。一般近指用“呢”ni⁵⁵、远指用“嗰”kɔ³⁵，在使用“呢”或“嗰”指称人或事物时有个限制，就是必须加个量词，构成“呢＋量＋名”或“嗰＋量＋名”，不能直接和名词组合成“呢＋名”或“嗰＋名”。例如：

近指“呢”＋量词＋“人”或事物	远指“嗰”＋量词＋“人”或事物
呢个人	嗰个人
呢本书	嗰本书
呢啲嘢（这些东西）	嗰啲嘢（那些东西）

如果不是指代事物，而是指代处所、方位、时间等，仍用“呢”、“嗰”表近指或远指，但不必再加名词。例如：

呢处（这里）　　嗰处（那里）
呢度（这里）　　嗰度（那里）
呢阵（这时）　　嗰阵（那时）
呢牌（这段时间）　　嗰牌（那段时间）

以上表示“近指”和“远指”的指示代词，都是运用“呢”和“嗰”两个不同的词来表示，而表示方式的指示代词，广州话则用同一个“噉”kɐm³⁵或“噉样”kɐm³⁵jœŋ³⁵来表示“这样”和“那样”两个不同的概念，如“噉做”（这样做，那样做）；如果指示代词用来表示性质、状态、数量，则说成“咁”kɐm³³，如“咁呖”（这么能干，那么能干）。

3. 动词的体貌系统

粤方言广州话有很丰富的体貌语法范畴，表现的方式也多种多样，但主要的表现“体”的方式还是依靠在动词后面加上词尾来实现。下面就对几种主要的体貌作简要介绍。

（1）起始体：表示动作、行为刚刚开始。在动词后加“起嚟”hei³⁵lei²²、“起上嚟”hei³⁵ʃœŋ¹³lei²²来表示。如：

佢喊起嚟——他哭起来
佢嗌起上嚟——他叫了起来

如果动词带有宾语，宾语就插到“起”的后面。如：

佢唱起歌嚟——他唱起歌来
佢打起佢细佬上嚟——他打起他弟弟来

（2）进行体：指动作、行为正在进行之中。广州话通过在动词后加“紧”kɐn³⁵来表示。如：

佢食紧饭——他吃着饭
我开紧会——我正在开会

（3）完成体：表动作、行为已经完成。广州话有两种表示方式：一是通过动词的变调，在前面构形特点中的变调部分已经介绍过了；二是用动词后面加“咗”tʃɔ³⁵来表示。如：

佢冲咗凉——他洗了澡
老李出咗街——老李上了街
我做咗一件好事——我做了一件好事

（4）持续体：表动作、行为尚未完成，只保持着存在、持续的状态。广州话用动词后加“住”tʃy²²来表示。如：

佢手上揸住本书——他手上拿着一本书

单车响存车处锁住——自行车在存车处锁着

（5）经历体：表经历过某种动作、行为的“经历体”，广州话用动词后加“过”kwɔ[33]来表示。如：

佢去过北京——他到过北京

我响日本浸过温泉——我在日本泡过温泉

呢排你有冇打过篮球——近来你有没有打过篮球

（6）回复体：表恢复某种已中断的动作、行为，或者是使某种事物回复某种状态。广州话用动词后加“翻”fan[55]来表示。如：

你应该写翻啲嘢——你应该〈恢复〉写点东西

你睇翻你嘅书——你〈恢复〉看你的书

等我着翻件衫——等我穿〈回〉一件衣服

佢做翻自己嘅本行——他做〈回〉自己本行的工作

有时用“翻”并不表示恢复原来的状态，而是表示想重复或体验相似的行为或状态。如：

叹翻下冷气——享受一下冷气

（7）继续体：表示动作、行为的继续进行或情况状态继续发展。广州话用动词后加“落去”表示。例如：

雨咁样落落去，马上会发大水——雨这样下下去，马上会发大水

你咁样学落去，好快就会学识喇——你这样学下去，很快就会学会了

除了上述各种常见的“体”外，粤方言广州话还有一个很特别的动词词尾“亲”tʃʻɐn[55]，这个“亲”不单纯属于上述任何一种“体”，是一种特殊的“完成体”，但又很难找到一个单纯表示完成体的“亲”。动词带上了“亲”，表示的意义大致有以下几种：

①动作行为在急遽的情况下完成，并继续存在。

个细路吓亲——（那）个小孩受惊了（现在还在惊）

佢熝亲——他挨了一下烫（现在还没好）

②动作触及某个物体，急遽完成，后面跟着被触及的物体充当宾语。

佢撞亲度门——他撞了一扇门

只狗咬亲人——（那）只狗咬了人

③某个动作、行为一旦完成会引发某种相应的后果，后面常跟“就”、“都”。

我嘅手郁亲就痛——我的手一动就疼

佢嗌亲都唔应——怎么叫他他都不回答

4. 数词和量词的特点

汉语的数词和量词常常是结合着用的，有时我们就笼统称之为“数量词”。粤方言广州话的数量词有一些突出的特点，简要分述如下：

（1）广州话在“数—量—名”结构中，数目以“一”打头时，这个“一”可以省去，让量词直接与名词结合，量词本身就包含了“一”的意思。例如：

本书——一本书　　　　只狗——一只狗

不但量词前的“一”可以省略，量词和名词直接结合，还具有定指作用。例如：

支笔系边个嘅——（这）支笔是谁的

朵花几靓——（那）朵花多漂亮

（2）广州话的数词有一个特点，从“二十”到“九十”这八个十位整数，连读时（如“二十个人”）一定会出现连音变化，结果是削减了原有的音节，后面的“十”$\int ap^{2}$变成 a（“二十”合音念成 ja

或 jɛ）。例如：

二十 ji^{22}ʃɐp^{2}——ja^{22}（或 jɛ）

三十 ʃam^{55}ʃɐp^{2}——ʃa^{55}a^{22}

四十 ʃei^{33}ʃap^{2}——ʃei^{33}a^{22}

九十 kɐu^{35}ʃap^{2}——kɐu^{35}a^{22}

这些整数的缩减形式后面再带上零数时，零数不发生音变。例如：

三十二 ʃam^{55}ʃɐp^{2}ji^{22}——ʃa^{55}a^{22}ji^{22}

四十三 ʃei^{33}ʃap^{2}ʃam^{55}——ʃei^{33}a^{22}ʃam^{55}

（3）广州话称数法有一个与普通话不同的地方，当开头的数字是百位以上的高位时，随后的下位数可用简称法：第一位是“万”，下一位的“千”可省去；第一位是“千”，下一位的“百”可省去；依此类推。例如：

一万八千元——一万八蚊 jɐt^{5} man^{22} pat^{3} mɐn^{55}

两千三百斤——二千三斤 ji^{22} tʃʻin^{55} ʃam^{55} kɐn^{55}

（4）广州话有一个泛指数量的数词“啲”，相当于普通话的“一些”，用法特殊，可以单独作为名词定语，定指少量事物。例如：

啲粥冻咗——（这）些粥凉了

啲人去边度呀——（那）些人上哪儿去啊

啲细佬哥唔听话——（那）些小孩不听话

啲嘢好贵——（一）些东西很贵

有时“啲”所定指的事物是不可数的。例如：

啲雨咁大，点去呀——雨这么大，怎么去啊

如果“啲”置于动词之后，则没有定指的功能，仍是表示“一些”的意思。例如：

去街买啲生果——上街买些水果

如果动词后的“啲”前插进了表体貌的成分，则“啲”又会有定指的作用。例如：

佢哋睇咗啲书喇——他们看了（这/那）些书了

（5）广州话表示约数的数词与普通话不同，通常用“几”kei^{35}和“零”lɛŋ^{21}。例如：

三千几架汽车——三千多部汽车
三万几蚊——三万多元
十零个人——十来个人

除“几”kei^{35}和“零”lɛŋ^{21}以外，广州话还有一个表示“多一点”的约数“松啲”ʃun^{55} ti^{55}和一个表示“上下”的约数“度”tou^{35}。如果是“数—量—名”的结构，它们就搁在名词的后面；如果是省去名词的“数—量”结构，就直接搁在量词的后面。例如：

四十蚊松啲——四十块钱多一点
二十本书松啲——二十本书多一点
一百件度——一百件上下

（6）广州话量词与普通话量词有两点主要的不同：一是有些量词是广州话特有的，跟普通话不一样；二是某些广州话和普通话共有的量词，在跟名词或动词的搭配关系上却不尽一样。例如：

【广州话特有的量词】

啖 tam^{22}（口）——一啖饭（一口饭）
笃 tok^{5}（泡）——一笃尿（一泡尿）
窦 tɐu^{33}（窝）——一窦鸡仔（一窝小鸡）
坡 p‘ɔ^{55}（棵）——一坡树（一棵树）
铺 p‘ou^{33}——一铺路（十华里路）
撅 kyt^{2}（段、截）——一撅木（一截木头）
辘 lok^{5}（支、节）——一辘蔗（一节甘蔗）
朕 tʃɐm^{22}（股、阵）——一朕臭味（一股臭味）
云 wɐn^{21}（动量：回、趟、次）——行一云（走一趟）

轮 lœn²¹（动量：番、遍、趟）——讲一轮（讲一番）

【和名词搭配关系不一样】

广州话	普通话
一张刀	一把刀
一口烟	一支（根）烟
一只狗	一条狗
一架单车	一辆自行车
一樽汽水	一瓶汽水
一只船	一条船
一间屋	一座房子
闹一餐	骂一顿

某些广州话量词，带有一定的感情色彩。如指人的量词一般用“个”、“位”（“一个人”、“三位老师”等），但当用上“条”、“只”来称人时，显然带有轻蔑的色彩，像“嗰条友”（那个家伙）、“嗰只老坑公”（那个老头子）、“三丁人”（三个人）等。

5．富有特色的语气助词

粤方言广州话有许多与众不同的语气助词，十分引人注目。语气助词是虚词中的一类。

助词，跟作为副词的语气副词是不同的。略述如下：

（1）表示完成语气的助词“咯”lɔ³³和“喇”la³³，相当于普通话的语气词“了”。如：

我哋等你好耐咯。——我们等你很久了。
你好食药喇。——你该吃药了。

（2）表示肯定、决断语气的助词“嘅”kɛ³³，相当于普通话句末的“的”。如：

咁样做系唔啱嘅。——这样做是不对的。
做好呢件事我系有把握嘅。——我是有把握做好这件事的。

（3）表示疑问语气的助词“咩”mɛ⁵⁵，对译普通话应该用“吗”。如：

唔通你唔知道咩？——难道你不知道吗？

你重唔知佢嘅名咩？——你还不知道他的名字吗？

还有一个常见的语气助词“噶”ka^{33}，有时用在选择问中表示疑问语气，有时又并非表示疑问，而是含有其他的语气。这个助词表达的语气是多方面的。如：

你到底去唔去噶？——你到底去不去呀？（敦促对方回答）

你识唔识佢细佬噶？——你认不认得他弟弟？（敦促对方回答）

呢个人好抵死噶！——这个人真该死！（决断语气）

呢样嘢唔啱你做噶。——这件事不适合你做的。（提点语气）

（4）表示提醒语气的助词“嚅”$pɔ^{33}$和“咯嚅”$lɔ^{33}pɔ^{33}$。如：

佢话佢唔嚟咯嚅。——他说他不来了。

你听日一于来嚅！——你明天干脆就来吧！

你唔好唔记得嚅！——你别忘记了啦！

（5）表示提醒语气而带有叮嘱的口吻，有时用以转达别人吩咐的助词“喎”$wɔ^{13}$。如：

佢唔去上课喎。——他不去上课了。

你妈妈叫你要好声啲喎。——你妈妈要你小心点儿。

（6）表示揣测语气的助词“啩”kwa^{33}，相当于普通话的“吧”。如：

听日唔会落雨啩？——明天不会下雨吧？

呢几日你喺屋企啩？——这几天你在家吧？

（7）表示一种委婉祈使语气的助词“啦”la^{55}。如：

唔该你听日早啲嚟啦！——劳驾您明天早点来吧！

唔该你倒杯茶畀我啦。——请您倒杯茶给我。

（8）表示“无所谓”语气的助词“之嘛”$tʃi^{55}ma^{33}$，相当于“不过如此”、“罢了”，有时带有轻蔑的意味。如：

我差佢两蚊之嘛。——我欠他两块钱罢了。
我出咗差三日之嘛。——我只不过出了三天差。

(9) 表示多种语气的助词“啫” tʃɛ[55]（或 tʃɛk[5]），有时表“不过如此”的语气。如：

我使咗十蚊啫。——我只不过花了十块钱。
啲雨好细啫。——雨很小罢了。

有时“啫”有一种提醒对方或告诉对方某个信息的作用。如：

我琴晚喺街度撞到你老窦啫！——我昨晚在街上碰见你父亲呢！
佢细佬而家读紧初中啫。——他弟弟现在正在读初中。
呢个问题好简单啫。——这个问题很简单。(略带轻蔑口气)

(三) 语序上的特点

广州话在语序方面也存在一些明显的特点，略述如下：

1. 构词语序

(1) 具有形容词性的双音节词，大都由偏正结构组成。例如：

长气（啰唆）	大间（面积大的房间）
惨情（凄惨）	大只（强壮）
硬颈（倔强）	细粒（瘦小）
好彩（幸运）	老水（老成）
花心（感情不专一）	靓女（漂亮女孩）

(2) 带有表示动物性别的名词，其构词语序一般是正偏结构，在动物后面加上表性别的词素“公”、“乸”。例如：

鸡公（公鸡）	鸡乸（母鸡）
猫公（公猫）	猫乸（母猫）

（3）有一批双音词，构词语序明显与普通话相反，即所谓“逆序词”。如：

经已（已经）	齐整（整齐）
宵夜（夜宵）	挤拥（拥挤）
紧要（要紧）	菜干（干菜）
欢喜（喜欢）	

2. 句子成分的语序

广州话的句子成分在语序上存在着后置成分较多的情况。一部分作为动词、形容词修饰限定的成分，置于被修饰、限制的动词、形容词后面，甚至整个句子的后面。这一状语后置的现象，是广州话语序中一个很突出的特点。这些语词有“先”、“添”、“住”、“埋”、“翻”、“过头”、“多”、“少”、“乜滞”、“得滞”、“咁滞”、“快”、“慢”等。如：

【“先”ʃin55】

表示动作在时间上发生在前的副词，作为修饰动词的状语，置于动词的后面。例如：

我行先，你慢慢来。——我先走，你慢慢来。
你食先啦，唔使客气！——你先吃吧，别客气！
我去买嘢先，你跟住就嚟啦。——我先去买东西，你随后就来吧！

【“添”t‘im55】

表示扩充范围的副词，在前面介绍副词特色时已经提过，这里再举几个例子：

食啲添，咪客气！——再吃一点，别客气！
等一阵添，我就嚟啦！——再等一会儿，我就来。
买几斤香蕉添，好唔好？——再买几斤香蕉，好不好？

【“住”tʃy22】

“住”除用在持续体中以外，它还作为修饰动词的状语，置于动词的后面，与动词前表否定的副词相呼应，表“先别”、“先不要”的意思。例如：

咪嘈住，有事慢慢讲。——先别闹，有事慢慢说。

唔好去住，等佢嚟咗再决定。——先别去，等他来了再决定。

【“埋”mai^{21}】

表示完全、所有的副词，置于相关动词之后。例如：

食埋晏昼先走啦！——吃完午饭再走吧！

你成日睇埋啲咁嘅书。——你终日总是看这样的书。

【“翻”fan^{55}】

“翻”除了前面介绍过作为动词回复体的标志外，也充当副词用，意思相当于“再”。当副词用时，“翻”要置于被修饰语的后面。例如：

呢对鞋大翻一码就啱我着喇。——这双鞋再大一码我就合穿了。

呢块布颜色深翻啲就好喇。——这块布颜色再深一点就好了。

【“过头”kwɔ^{33}t‘ɐu^{21}】

相当于普通话的“太”，表示程度过分。例如：

食得多过头因住会屙肚。——吃得太多小心会拉肚子。

坐得远过头睇唔清楚。——坐得太远看不清楚。

【“多”tɔ^{55}和“少”ʃiu^{35}】

“多”和“少”这两个形容词充当状语用时，经常搁在动词的后面。例如：

睇多几本书再嚟同我倾啦。——多看几本书再来跟我聊啦。

饮少啲酒对身体有好处。——少喝点酒对身体有好处。

【“乜滞”mɐt^{5}tʃɐi^{22}和“得滞”tɐt^{5}tʃɐi^{22}】

“乜滞”表示接近某种情况，在句中的位置有一定的灵活性；“得滞”表示过分，总是置于句子的最末尾。例如：

佢冇钱乜滞（也可说“佢冇乜滞钱”）。——他没多少钱。
你个仔百厌得滞。——你的儿子太调皮了。

【“咁滞”kɐm^{33}tʃɐi^{22}】

“咁滞”表示接近某种状况或程度，也总是置于句子的末尾。例如：

啲观众走晒咁滞。——观众差不多走光了。

【“快”fai^{33}和“慢”man^{22}】

“快”和“慢”作状语往往也是置于动词之后。例如：

请你食快啲。——请你快一点吃。
唔该讲慢啲。——劳驾慢点儿讲。

此外，广州北郊的从化粤语还有后置的虚成分“取”。例如：

条鱼蒸取乜就煎取？——这条鱼是蒸还是煎？

3. 几种有特色的句式

（1）比较句。

广州话比较句的句式是“A＋形容词＋过＋B”。例如：

佢高过我。——他比我高。
上海大过广州。——上海比广州大。
今日冻过琴日。——今天比昨天冷。

如果形容词后面还带有补语，这个补语就置于句子最末尾。例如：

狗大过猫好多。——狗比猫大得多。
佢高过我少少啦。——他比我稍微高一点。

（2）双宾语句。

广州话的双宾语句，有两类不同的句式，决定于句中的动词：

①有给予意思的动词，如畀、送、还、借、赔等，后面所带的两个宾语，一般是指物宾语在前，指人宾语在后，跟普通话恰恰相反。例如：

佢畀两本书我。——他给我两本书。
唔该你借几蚊鸡我。——劳您借我几块钱。
唔该送支圆珠笔我。——请送我一支圆珠笔。

②有“争”（欠）、“问”、“教”、“通知”等一些动词的，一般是指人的宾语在前，指事物的宾语在后，跟普通话一样。例如：

我争你二十蚊。——我欠你二十元。
佢教我哋英文。——他教我们英文。
我问你一个问题。——我问你一个问题。

广州话的双宾语句中，有时因为指物宾语太长，会在两个宾语之间加一个“过”字。例如：

佢畀二万六千四百蚊过我。——他给我二万六千四百元。
我送三本书同两本字典过佢。——我送他三本书和两本字典。

（3）被动句。

广州话的被动句有两个特点：一是引进被动意义的介词不用“被”、“给”而用具有“给”义的“畀”；二是被动句中的施动者不能省去，不能说出具体施动者时，就得用泛指的“人”、“嘢”等。如：

佢嘅脚畀狗咬亲。——他的脚被狗咬了。
本书畀佢细佬攞走咗。——（那）本书给他弟弟拿走了。
我嘅手机畀人整坏咗。——我的手机被人弄坏了。
佢只手畀嘢割损咗。——他的手被割破了。

（4）处置句。

普通话中用“把”字的“处置式”使用频率相当高，广州话的处置式用“将”，但使用频率不如普通话的“把”字句高。只有当自主的施事有意以某种方式处置某个受事时，才使用这一带“将”的处置式。如：

佢将几千册书送咗畀图书馆。——他把几千册书送给了图书馆。
佢将食剩嘅菜倒晒落潲水桶。——他把吃剩的菜全倒进泔水桶。

另有一些“把”字句，广州话采用一般的“动—宾”或其他句式来表达。例如：

风吹开咗度门。——大风把门吹开了。
佢睇书睇到头都晕晒。——他看书把头都看晕了。

（5）“去”、“来”谓语句。

广州话以“去”、“来”作谓语的句子，通常句式为“主语＋去（来）＋宾语”，不同于普通话的“主语＋上（到）＋宾语＋去（来）”的句式。如：

我去广州。——我上广州去。
你去边度？——你到哪儿去？
听日你嚟我呢度啦！——明天上我这里来吧！
我细佬係琴日嚟广州嘅。——我弟弟是昨天到广州来的。

两相比较，广州话这类句子显然要简洁一些。随着语言的交流发展，近几十年来，“我去广州”这一句式已逐渐为粤语区以外的人所接受，有与“我上广州去”并列而发展成为规范汉语句式的趋势。但也有一些是普通话无法接受的，如广州人说“我哋去街”，说普通话时就不大接受，不大会说“我们去街”，而只会说“我们上街去”。

（6）疑问句。

广州话的疑问也有特色，反映在利用肯定否定表示疑问的句式方面。广州话在这类疑问句中，可把宾语插进肯定词与否定词之间，构成“VP－O 唔 VP”句式。如：

你去广州唔去？——你上不上广州去？
你食肠粉唔食？——你吃不吃肠粉？
佢知我嚟唔知？——他知道不知道我来？

（7）“有冇 VP”句式。

广州话“有冇 VP”是用来询问经历的，可视为“经历体”。如：

你有冇返屋企？——你回家了吗？
佢今日有冇嚟开会？——他今天来开会了吗？
你呢排有冇食药呀？——最近你吃药了吗？

这种句式有时也可在“有冇 VP”后加“过”或“到”。如：

你有冇睇过呢本书啊？——你看过这本书吗？
你琴晚有冇跳到舞啊？——昨晚你跳舞了吗？

（8）“可能”与“否定”的句式。

表示可能的句子往往是在动词后面加上“得”，不像普通话那样在动词前加上“可能”、“能”、“能够”等来表示。如：

呢个学生好写得。——这个学生很能写。
呢件衫我着得。——这件衣服我能穿。
佢食得做得。——他能吃能做。

在广州话中有几个表示否定的否定词：唔、冇、咪、唔好、未、未曾等，视不同情况而运用不同否定词。其中“唔”用得最多，大致上与普通话“不”相当。例如：

我唔去北京。——我不上北京去。

“唔”也可以和“得”配合，表示“不能”、“不会”、“不可以”等。如：

呢啲生果唔留得。——这些水果不能久放。
佢食得唔做得。——他能吃不能做。

六、广府方言与传统文化

（一）广府方言与中古汉语

尽管有学者认为，广府方言较多地保留了先秦汉语的特点，但这种观点缺乏强有力的史实依据和语言证据。多数学者还是认为，以广府方言为代表的粤语与中古汉语关系比较密切。李新魁（1994）也认为，粤语成熟于宋元时期，因此保留了不少中古汉语的词语，从中可观照出中古汉语的一些特点。

第一，单音节词比较丰富，这些词语不少来自古汉语。例如"颈"（脖子）、"翼"（翅膀）、"衫"（衣服）、"晏"（晚）、"着"（穿）、"至"（最）。

第二，有些古语词是日常通用的，活跃于口语层面，与普通话一些古语词多用于书面语体不同。如"饮"（喝，比较"饮食"）、"度"（量，比较"量度"）、"行"（走，比较"行动"）、"卒之"（终于）、"适值"（恰逢）、"抑或"（还是）。

第三，有些双音词的词序跟普通话相异，却与古汉语相合，如"齐整"（整齐）（《晋书》："王师见部阵齐整，将士精锐……"）、"紧要"（要紧）、"挤拥"（拥挤）（《读书偶记》："食毕出，再发签入，方无挤拥纷扰之患。"）、"菜蔬"（蔬菜）（《宋诗钞·池口风雨留三日》："孤城三日风吹雨，小市人家只菜蔬。"）、"消夜、宵夜"（夜宵）（《梦粱录》："进呈精巧消夜果子。"）等。

广州宵夜的好去处——大排档

第四，方言熟语保留古汉语词。粤语有些非常俚俗的用语，其实保留了古汉语的词义或用法，一般人习焉不察。如谚语“打烂沙盆问到笃”（查根究底），“问”即“璺”（《方言》：“秦晋器破而未离谓之璺。”），“笃”即“豚”（《广韵》：“丁木切，尾下窍也。”）（陈伯煇，2001）；粤语有成语“失惊无神”，形容惊慌失措的样子，其中“失惊”也是来自唐代口语，如唐人笔记《幽怪录》：“将军失惊而走。”

（二）广府方言与民俗传统

1. 广府方言与广府食俗

中华美食天下闻名，粤菜更是中华美食中的一朵奇葩，其不但继承了中华美食的优良传统，而且有所创新和发展。

食俗作为民俗的重要组成部分，反映了一个地方的民性，也在某种程度上折射了方言的特色。广府人以食为上，其丰富的食品，在每个节庆习俗中都得到充分的反映，如令人目不暇接的过年食品（油角、煎堆、崩沙、萝卜糕、马蹄糕等）、名扬中外的端午粽子（裹蒸粽、碱水粽、豆沙粽、咸肉粽、火腿粽等）、做工精细的中秋月饼（莲蓉月、五仁月、双黄月、冰皮月、七星伴月等）。但是广府食俗并非单指广州的饮食习惯，广府食品其实包含着一定的地域差异性，因此地方色彩比较强，表现为各地都有一些制作精良、有代表性的食品和菜肴。如沙河粉（牛河、斋河）、佛山熏蹄、大良崩沙、九江煎堆、顺德双皮奶、顺德伦教糕、陈村粉、中山濑粉、中山杏仁饼、澳门葡挞、元朗蛋卷、东莞排粉、白云猪手、湛江鸡、清远鸡、阳江炒米饼、阳江豆豉、江门咸干花生、肇庆鼎湖上素等，反映了各地不同的饮食文化。

佛山熏蹄

顺德伦教糕

白云猪手

中山濑粉

清远鸡

湛江鸡

粤菜的一个重要特点是烹调技艺考究，刀工操作精细。常见的烹调手法有：煲（茄子煲、豆腐煲、猪手煲、狗肉煲）、炖（鲜奶炖蛋、炖水蛋、炖乌鸡）、焗（盐焗鸡、焗禾花雀）、焗（焗鸡、姜葱焗鲤鱼）、蒸（清蒸鲈鱼、清蒸多宝鱼、豉汁蒸排骨）、扣（香芋扣肉、南乳扣肉）、扒（鹅掌扒菜胆、红扒鱼肚）、浸（油浸鲳鱼）、灼（白灼虾、白灼爽肚、白灼螺片）、煤（煤狗肉、煤鸡蛋）、滚（生滚鱼片粥、生滚肉片粥）、烧（烧乳猪、烧鹅）、蜜饯（蜜汁叉烧）、生（鱼生、虾生）等20多种。

鱼香茄子煲

酿焗三水禾花雀

姜葱焗鲤鱼

豉汁蒸排骨

白灼螺片

虾生

粤菜的另一个特点是取材丰富。粤人食物取材极其多样化，如蛇和猫（龙虎斗、三蛇羹）、凤爪（鸡脚）、田螺（炒田螺）、蚕蛹（炒蚕蛹）等，甚至老鼠、蝎子以及一些野生动物都可以进食，这一点国人有个形象的说法：“天上飞的除了飞机、地上爬的除了坦克，广东人都可以吃。”南宋周去非在《岭外代答》中也说粤人“不问鸟兽蛇，无不食之”。清代广州有一首关于吃的歌谣：“饥食荔枝，饱食黄皮。

蛇珠千枝，不及玫瑰。三围蚌之胎有玫瑰，文魮之腹有美玉。文魮美玉生南駉，西芹荚茄之珍。多食马兰，少事芥蓝。毋配睡莲，使人好眠。尔有垣墙，我有火秧，婴儿瘦探石石头饩。家有竹鸡啼，白蚁化作泥。秋冬食獐，春夏吃羊。朝为泡鱼，暮为蒿猪……霜蟹雪螺，味不在多。石棉瓦，腾天下，蟛蜞上屋有西水，木棉花落偏北风。”（《岭南诗存》）

龙虎斗（龙虎凤烩）

蛇羹

粤菜的第三个特点是注重质量，并且随着季节的变化，随时调整食谱的构成。如春季多雨潮湿，粤人讲究炖汤去湿；夏季炎热，则有如老火汤等各种各样的清凉解毒汤，注重降火功效。而气候炎热会导致肝火旺，喝粥可以护肝，故粤地粥品极其丰富。秋冬是进补的季节，汤及菜肴都加进温补热补的材料，秋季特别干燥，所以要喝各种各样的“糖水”（功能是润肺）和炖汤（如青榄炖猪肺）；冬天阴冷、春季湿冷，所以为了驱寒去湿，要“打边炉”（鸡锅、牛肉锅、羊肉锅、杂锦锅），要吃“煲仔饭”。不少俗语谚语都反映出粤人的这些习俗。如“狗肉滚三滚，神仙企唔稳”、“秋风起，三蛇肥”。

青榄炖猪肺

绿豆糖水

粤菜的第四个特点是相对于其他菜系，口味偏于清嫩，但也讲究味道的变化，故有“五滋六味”之说。“五滋”是指“清、香、酥、肥、浓”，“六味”是指“酸、甜、苦、辣、鲜、咸”。味道随季节而有所变化，夏秋求清鲜，冬春偏浓郁。整体风格以清鲜嫩脆为主，但清而不淡，鲜而不俗，脆而不焦，嫩而不生。如“生炒水东芥菜”这道菜就充分体现了这一特点。

生炒水东芥菜

粤人对饮食的讲究，在日常生活中得以充分体现，并形成了固定的习俗。如粤人喜饮茶，围绕着饮茶，形成了一些固定的程式和丰富的方言语词，如“饮茶”、“一盅两件”、“茶楼”、“较茶”等。粤式点心、小吃与饮茶习俗其实也是息息相关的，如烧卖、肠粉（猪肠、牛肠、斋肠、猪腰肠、鲜虾肠、珍珠肠）、包（叉烧包、豆沙包、鸡球大包、三星大包）、笑口枣、酥饼［榴莲酥、叉烧酥、蛋黄酥、蝴蝶酥、核桃酥、豆沙酥（又称“红绫酥”）］、糯米鸡、虾饺、粉果、蛋挞、炒河粉、粥品（艇仔粥、鱼片粥、皮蛋粥、及第粥、猪腰粥、猪润粥、柴鱼花生粥）等，举不胜举。粤地气候炎热潮湿，也催生了凉茶的发达，除了去湿茶，还有斑（瘢）痧凉茶、喉症茶、消滞茶、五花茶、菊花茶、感冒茶、清热茶、夏桑菊茶等。

鱼片粥

蝴蝶酥

及第粥

斑（癍）痧凉茶

粤菜与其他粤地文化形式类似，都是博采众长、不断吸收外来菜式的优点发展起来的，比方新派粤菜就大量使用西式汁酱，使其风味更加多样化。

2. 民歌童谣中反映的传统习俗

词汇是随着社会生活的变化而演变的，一些儿童游戏现今已经渐渐地淡出人们的视野，可是从传统童谣中，依然可发现诸多反映早期社会生活（尤其是儿童游戏生活）和民俗的语词，如“打手影”、“过天梯”、“大马拉”（风筝的一种类型）、“卖懒”、“粘塘尾”、“劈友”、“弹嗳”等，无不构成旧时儿童淳朴而又生动活泼的景致，令人不禁追忆。而反映民俗和独特历史的词语，亦时而可见，如“梳髻”及童养媳的习俗在以下这首童谣中得以体现：

月光光，照纱窗，
照得契爷娶契娘，
契娘头发未曾长，
迟得两年梳大髻，
吔吔打打草番归。

反映儿童游戏“打手影”的壁画

过天梯

不少民俗随着现代化进程的发展，已濒临消失，而方言童谣则真实地保留了这方面的内容。如佛山童谣《禾雀仔，担柴枝》：

禾雀仔，担柴枝，担上岗头望阿姨。
阿姨梳只摩罗髻（“摩罗”指印度人），
摘朵红花伴髻围。
辫带又长脚仔又细，咬实牙根缠只烂臭蹄。

摩罗髻

除了反映旧时“梳髻”、“裹足”等风俗外，我们从这首童谣中依稀可以体认到早期中外文化的交融、人民之间的往来。这种中外间往来的写实，在“金山客”、“南洋伯”、“星洲”（新加坡）这类词语中得到充分的反映，我们从中可以感受到近代粤人漂洋过海、艰辛谋生的辛酸生活（金山客，有一千有八百；南洋伯，银袋包……）。

3. 广府童谣的语言学价值

童谣是民间文学的一个重要种类，保留了各地民俗及语言上的重要特色，是研究方言口语的重要语料。广府童谣是岭南童谣的主体，影响甚巨。可是随着现代社会的变迁，粤语传统童谣日渐式微，这对粤语方言文学而言是不可弥补的损失。广府童谣在语言学上的独特价值体现在：

（1）保留早期社会生活的语词，反映传统农业社会的印迹。

一些反映传统农业社会印迹的语词，已经逐渐消失，特别是动物、植物、亲属称谓和社会称谓以及建筑的称谓，随着社会的巨变，慢慢退出历史舞台，如不记录、整理、解释，将是语言学尤其是词汇学的巨大损失。像以下这类用语，如“地塘”（晒谷场）、“下间”（厨房）、“花厅”（客厅）、“栈头”（碗橱）、“塘尾”（蜻蜓）、“蛤乸”（青蛙）、“崩沙”（田间的蝴蝶）、“蒲达”（苦瓜）、“大禾”（稻子的一个品种）、“安人”（家婆）、“姑娘”（丈夫之姐妹）、“老举”（妓女）、“乞米佬”（乞丐）、“苏虾（仔）”（婴儿）等，在当代广州话中多已不用或少用，但在童谣中不时还可觅见踪迹，如《月光光》：

月光光，照地塘，年卅晚，摘槟榔，槟榔香，摘子姜，子姜辣，买蒲达，蒲达苦，买猪肚，猪肚肥，买牛皮，牛皮薄，买棱角……

《天井仔》曰：

天井仔，种芥菜；雾水淋淋花就开，崩沙蝴蝶两头来……

另一首《月光光》：

月光光，照我床，亚婶一觉瞓到大天光，苏虾赖尿赖满床。

东莞流行的《鸡公仔》：

梳、梳、揸，勤力炙麻件件新。

"捵"指"用数条麻绳扭成一股"。

(2) 生动反映儿童语言及方言儿童用语的特色。

粤语童谣带有诸多儿童语言的共性，如善用重叠（虫虫、牛牛、月光光），多用拟声词（咕噜咕噜、滴滴答答、乞冬撑），修辞以形象为主（如善用形容词的生动式），但也有粤语的特色，如反映粤方言的用韵情况、粤语动词和形容词重叠的特点（蒸蒸煮煮、洗白白）等。例如：

洗白白，洗白白，
倒开盆水嚯，快洗白白，
肥嘟嘟嘅细蚊仔，真系得人锡嘎啦。
肥嘟嘟又白雪雪，仲系度玩番枧泡。

(3) 反映各地的方言差异。

各地都有内容及形式各异的童谣，如下面一首童谣《摇船摇上省》应产生于珠三角的农村地区：

摇船摇上省，
赶水卖萝卜，
萝卜平，摇入城，
萝卜贵，摇番归。

既然童谣产生于广东各地的粤语区，那么就必然会在语言上反映出来，请看这一首：

亚飞飞，拈蟛蜅，
拈到大沟墟，
买斤猪肉仔，
喫得嘴肥肥。

"蟛蜅"（蜻蜓）的说法见于阳江一带，这首童谣应是流传于这一带，从所使用的动词"喫"（粤西通用）即可见一斑。即使是产生于珠三角的童谣，到了两阳一带，也会因应其方言特点而变形，如《鸡公仔》：

鸡公仔，尾婆娑，
三岁孩儿（学）唱歌，
无系爹娘教熟我，
肚里精灵无奈何。

“不是”广府粤语谓“唔系”，但阳江话为“无系”，广府粤语的“冇”，阳江话亦为“无”。此外阳江不说“精乖”而说“精灵”。这类反映次方言词汇特点的童谣还有不少，再如：

禾雀仔，嫩孳孳，
你妈衔虫喂大你，
飞上墙头讲“能持”，
唔好学做不孝儿。

“能持”为开平方言，“能干、本事”之意也。

（4）有助于粤语词源考释。

童谣口语性强，代代传诵，保留了不少早期古老的词形，可以为粤语词源的考释提供佐证，以了解词语演变的轨迹。甘于恩（2003）曾考释粤语的“听日”（明天）来自“天朝日”，列举了珠三角方言的大量例证，其实“天朝”的说法在某个《月光光》的版本亦可发现：

天朝阿妈要捕鱼虾囉，阿爷睇牛要上山坡。

只不过现在多数版本将“天朝”改为“听朝”，反映了后来广州话的音变事实。

（5）为研究粤语语法和构词特点提供珍贵语料。

某些粤语句法现已少见，但童谣中依然见得到，反映出早期粤语句式的特点，据此可以研究粤语语法的发展，如《白榄仔》有：

阿嫂唔尝，畀过细姑娘。

这是早期粤语“给”字句的特点，即在“畀”（给）字后添加助词“过”，引入给予对象，现今广州话已不这么用了，这种句式只存留在次方言与童谣中了。而粤语童谣中“仔”尾的大量运用，亦成为它与其他地区童谣区别的重要特征。

在地方童谣中，各地方言的特殊句式也值得注意，如四邑话有“减”字句，开平童谣《婆梳梳》这样唱道：

禾雀飞来担减（nai[55]），
禾蝇担番来。

“减”相当于普通话的“掉”，用于谓语动词后，但四邑话“减”较“掉”更为虚化，可以置于形容词之后表示某种趋向。还有特殊的体貌标志，我们也可以在童谣文本中找到踪迹，如《阳江山歌选》有这样的句子：

落水仔，妹洗身，
漏逋花鞋共手巾。

“逋”是“逃”的意思，与标准语“了”一样皆具有“消失”义，是阳春、阳西一带方言的完成体标志，音 pou[33]，音义俱合，保留了相当早的古汉语语义，但在粤语中作为完成体标志则非常少见。

七、广府方言与区域文化

一个地域的特色文化，通过语言及其书面文字形式呈现在我们的面前，其中最直接触及我们的感官，最容易让我们领略得到的，无疑就是作为语言大厦建筑材料的词汇了。词汇是语言诸要素中最敏感、最活跃的部分，也是最紧贴社会发展的脉搏，最能够及时反映社会各种发展变化，特别是社会文化发展变化的“传声筒”。因此，我们要认识、要研究一种地域文化，必然得从语言的词汇入手，借助词汇这面镜子，通过地域方言中多彩多姿而又各具特色的词汇，窥探从中透露出来的文化信息。换言之，从解码地域方言的词汇入手，我们就有可能了解到该方言所承载的特色文化，从而领略该特色文化的精华所在。

（一）自然地理环境在粤方言词语中的体现

不同地区的自然地理环境，是形成各种地域文化的重要因素。在这方面，粤方言的不少有关自然地理方面的词语，也体现出广府文化的特色来。

（1）岭南地区大都处于亚热带，终年不见冰雪的气候条件使说广府话（粤方言）的人分不清“冰”和“雪”这两个不同的概念。体现在粤方言的词语中就是有关“冰”、“雪”的词语都说成“雪”。例如：

雪糕（冰淇淋）　雪条（冰棍）　雪水（冰水）
雪柜（冰箱）　雪屐（溜冰鞋）　雪藏（冰镇）
雪猪肉（冰冻猪肉）

由最后一例“雪猪肉”，还可以类推出“雪鱼”(冰冻鱼)、“雪鸡”（冰冻鸡）等。

俗称“甜筒”的冰激凌产品

广州市面上各式各样的雪糕商品

（2）因气候关系，广府地区的人天天都要洗澡降温，因而把“洗澡”叫做“冲凉”，连不是为了“降温”而洗澡也叫做“冲凉”，甚至还把洗热水澡叫做“冲热水凉”，这当然也是广府独特文化在粤方言词语中的体现。此外，粤方言中常用“冻”来表示“凉”的意思，也显得很有特色。例如说菜肴“冻冰冰”，是“菜凉了”的意思；说把食物“摊冻”，是把食物“晾凉”的意思。

（3）海洋文化带来众多与之相关的词语。因为广府地区长期与海为邻、伴水而居，这样的自然地理环境自然在心理上有所反映。延伸到在日常生活中遇到的许多事物，都拿来跟水挂上钩，从而产生一系列带“水”的方言词语，显示出广府文化的特色。例如：

水脚——路费

水客——掮客

冇水——没钱

磅水——要钱，原是黑社会向人勒索钱财的用语，现已在社会上广为使用

醒水——警觉

心水——心事，又指心爱的、合意的

散水——解散，分头走，又指逃命

威水——神气，好“帅”

整色水——装模作样

半桶水——一知半解

水皮——质量差，能力差

水头——指钱财，钞票

放水——泄密，打假球，又指去小便

睇水——望风

回水——退钱

潜水——不露脸，躲起来

一头雾水——情况不明，糊里糊涂

水过鸭背——形容学习不专心，左耳进右耳出，听不进去的意思

猪笼入水——指财源滚滚

车水过田——指将从甲得来的钱马上还给乙

此外，粤语中有一些词语并不直接用“水”做语素，却在词语中加入水产品或相关器皿、行为等，仍然是直接或间接地透露出海洋文化的气息。突出的例子如形容一个人粗心大意，口语中常说“大头虾”，类似的词语如“咸鱼翻身”、“炒虾拆蟹”、“借艇割禾”、“大石迮死蟹”等。大概也是由于思维中经常存在与水有关的江河、海洋等概念的缘故，广州话中连房屋中的“栏杆”也说成了“拦河”。

（4）广府地区水网交错，有不少粤方言中特有的与水有关的地名用语，也体现出这种自然地理文化的特色。例如：以涌、滘、沥、氹、圳、塘、坑等作为地名用字的在广府地区显得特别多。就以广州市为例，在已通车的地铁线路中，就可以看到好些带有这类字眼的地铁站名，如：大塘、滘口、沥滘、厦滘、东涌、低涌、燕塘。

广州地名中的“滘”字

此外，广州市区的新滘，番禺区的新涌，香港特区的东涌、葵涌、鲗鱼涌，澳门特区的氹仔，顺德的北滘，东莞的麻涌等，也都是带有此类

用字的特色地名。特别有意思的是：由于地理上的近海，在珠江三角洲的粤语中，还产生了一系列以江为海的词语，明明是珠江边，却习惯说成“海皮”，过珠江说成“过海”，而载客横渡珠江的渡轮，也就相应说成“过海轮渡”了。粤方言词语显示自然地理特色文化，由此可见一斑。

（二）日常生活在粤方言词语中的体现

日常生活无处不反映出广府文化的特色，而这些特色又通过许许多多的粤方言词语体现出来，下面分别举例来看：

（1）体现饮食文化的特色词语。

“民以食为天”、“食在广州”，说明在广府人的生活中，饮食所处的地位是何等突出！承载饮食文化的粤方言词语自然就特别丰富。从饮食的设施、饮食的习惯到饮食的内容，都可以看到一些粤方言的特色词语。如“饮茶”指上茶楼吃点心聊天，早晨饮茶叫“饮早茶”，相应有“饮下午茶”和“饮夜茶”，因此衍生出许多同类的词语，如“茶居”（茶馆、茶楼）、“茶餐厅”（一种不用茶费、不用附加费、比大酒楼要经济实惠的介乎酒楼与快餐店之间的小饭馆）等。这类词语上一章已经谈过，此从略。

（2）在起居、衣着等日常生活中体现出来的特色词语。

在起居、衣着等一些日常生活中，粤方言词语也充分体现出广府文化的特色。例如：

买楼——当代广府人习惯用“楼”来指称“房子”。“买楼”就是“买房子”，与之相应的还有一系列与房子相关的词语，也都离不开“楼”

供楼——以“按揭”方式分期付款买房子

炒楼——以房屋为货品，进行房屋买卖，从中牟利

睇楼——看房子，一般指为准备买房子去看看待售的房子

楼花——在建尚未竣工的房子，粤语叫“楼花”。“买楼花”就是预购还未竣工的房子，要比建成的房子便宜一些。发展商用卖楼花的方式来吸引顾客，推销房产

一层楼——指一套住房，“买层楼”是买一套房子，并非买整个一层楼的房子

烂尾楼——在建房子未建成就因故停了下来，此后一直没再复建，就称为“烂尾楼”

私家楼——私人的房子

屋企——家里

监仓——监狱

出边——外面

入边——里面

下低——下面

屋村——住宅小区

落定——预交订金

骑楼——建筑物边沿的阳台，又指马路中横跨人行道的建筑物

早期广州的骑楼（历史照片）

冷巷——两堵墙之间的窄巷

天棚——房屋顶层的平台

四围——意同“周围”、“到处”

左近——邻近，附近

冲凉房——洗澡间

屎坑——厕所

家俬——家具

架撑——家居生活中常用的干活工具

绞剪——剪刀

枧——又称“番枧”，即“肥皂”。可以延伸：“洗衫枧”（洗衣皂），“香枧”（香皂）

单车——自行车

衣车——缝纫机

十字车——救护车

电单车——摩托车

火水——煤油

灯胆——电灯泡

花洒——洗澡用的莲蓬头，又指浇花的壶

地拖——做清洁用的拖把

手抽——手提袋，手提篮

手信——礼物，旅游时买回来的纪念品

遮——雨伞

屐——木拖鞋

胶擦——橡皮（擦铅笔痕用）

枱——桌子

弹弓床——沙发床

夹万——保险箱（柜）

樽——瓶子，如“玻璃樽”、“酒樽”等

银仔——硬币

银纸——泛指钱，又用来特指纸币

银包——钱包

碎纸——零钞

褛——大衣，如“皮褛”（皮大衣）、“军褛”（军大衣）

冷衫——毛衣，单说“冷”就是“毛线”

笠衫——针织汗衫，也用来泛指从头上套下来的衣服

面衫——泛指外衣

棉衲——棉袄

颈巾——围巾，北京人又叫“围脖”

波恤——长袖运动衣，秋衣

口水肩——小孩用的围嘴

牛头裤——短裤
相片——照片
影相——照相
瞓觉——睡觉
拍拖——谈恋爱
磕眼瞓——打瞌睡
打喊路——打哈欠
起身——起床
喉口——漱口
行街——逛街
落堂——下课
人工——工资
见工——（找工作）面试
揾工——找工作
出粮——发工资
炒更——利用本职工作以外的时间兼做一些有报酬的工作

（3）动作行为、事物性状中的文化特色在粤方言词语中的体现。

在日常生活中，人们的一举一动，以及对待各种事物性质状态的看法，无疑也是文化特色的重要体现。在这方面，粤方言也有很充分的表现。大量与众不同的、生动活泼的表示动作行为和表示事物性状的动词和形容词，承载着日常用语中体现出来的广府特色文化。在第四部分粤语词汇特色的叙述中，我们已举过一些例子，下面我们再来看看：

①常见的、富有特色的动作、行为词语。

敨（亦写作“唞”）——休息。如“唞下喇”（休息一下吧）
谂——想，考虑，思索。如“好好哋谂下喇”（好好想一想吧）
整——做，弄，搞，修理
锡——亲，吻
惜——疼爱
憎——讨厌
恨——巴望，很想要。如“我好恨读大学”（我很想上大学）
叹——享受

嬲——生气
嗌——喊，叫
喊——哭
闹——骂
呃——骗
氹——哄，哄骗
瘩——累。如“我好瘩”（我很累）
劏——宰杀
攞——拿
掹——拔
掼——用力摔，跌倒
抔——舀。如“抔饭”（舀饭），“抔汤”（舀汤）
拎——提
撳——按
擗——用力扔
扰——捶，扔
揾——寻找
打牙教——聊天
倾偈——谈话，聊天
车大炮——吹牛皮，说大话
放葫芦——有声有色地吹牛皮
捱世界——（消极地）挨日子
叹世界——享清福，消受眼前光景。如“叹冷气”是享受空调，
“叹报纸”是享受看报
跳槽——更换工作单位
挂住——惦记
嗌交——吵架。又说“闹交”
搞笑——开玩笑
匿埋——躲藏起来
诈谛——假装
整蛊——作弄
肉紧——着急

肉赤——心疼
应承——答应，承诺
偷鸡——开小差
因住——小心
穿煲——揭穿内幕
扰心口——比喻痛心疾首
打斧头——揩油

②常见的、形容人及事物性状的特色词语。

靓——漂亮，好看
叻——能干
恶——凶狠，霸道
悭——节俭
嘥——浪费
矛——蛮横，野蛮。如“啯人好矛”（那人蛮横不讲理）
衰——坏，倒霉。如“啯嘢好衰”（那家伙很坏），“呢牌好衰”（这阵子很倒霉）
癫——疯
姣——（女人）淫荡。如“啯女人好姣”（那个女人很淫荡）
夹——合得来。如“佢两个好夹”（他们俩很合得来）
百厌——（小孩）淘气、调皮
醒目——精明。如“佢啯仔好醒目”（他儿子很精明）
薯头——迟钝，愚笨。如“乜你咁薯头啊”（你怎么这样迟钝啊）
硬颈——固执
标青——突出
孤寒——吝啬
乌龙——糊涂
八卦——爱管闲事，说三道四。多指女人
阴湿——阴险狡猾。如“呢个人好阴湿”（这个人很阴险狡猾）
牙擦——也说“牙擦擦”。自负，自以为了不起。如“咪咁牙擦”（别这样自以为了不起）
高竇——架子大，瞧不起人。如“啯教授好高竇”（那个教授架子

很大）

沙尘——骄傲自大

咸湿——（男人）好色，“咸湿佬”就是“色狼”

生性——懂事。一般多针对小孩、年轻人而言

漏气——慢性子，动作慢

论尽——形容人累赘，笨手笨脚，行动不便。也有“麻烦”的意思

他条——悠游，悠闲

广州小点“牙擦酥”等

（谐音“牙擦苏”，“牙擦苏”为粤语系列电影《黄飞鸿》里面的一个小人物，其人其貌不扬，哨牙兼口吃，又有点好事。注：粤语的“牙擦”指“自负且好事、惹人讨厌”。）

得意——有趣，奇怪。如“呢个玩具好得意”（这个玩具很有趣）

好彩——幸运，幸亏

牙烟——危险

企理——整齐，有条理

鹘突——难看，恶心

的式——小巧

肉酸——难看，肉麻

污糟——肮脏

邋遢——肮脏

滋油——慢吞吞

闭翳——忧闷

谮气——啰嗦

弊——糟糕

杰——浓，稠

滚——沸，开（水）

劫——苦涩

琼——凝结

痺——麻木

宿——馊，汗臭

求其——随便

是但——随便

无厘头——没头没脑

（三）风土习俗与社会文化心态在粤方言词语中的体现

风土习俗因地而异，社会文化心态也各地有别。这些方面的特色在广府文化中占有很大的分量。而凸显这类文化特色的粤方言词语，为数也不少。下面从几个方面举例来看：

（1）在粤方言中，有一些因社会“忌讳”心态而产生的特殊词语，相当引人注目。其中大都因为语音与不祥事物相同或相近，就避开而另立名称。例如：

凉瓜——苦瓜。因忌讳“苦”而改为“凉”

猪脷——猪舌。因粤方言“舌”、“蚀”同音，忌“舌”而改为“利”，以“肉”旁“脷”来表示

猪红——猪血。因忌“血”而改为“红”

猪膶——猪肝。因“肝”、“干”同音，忌“肝”而改为“膶”

通胜——通书（皇历）。因“书”、“输”同音，忌“书”而改为与之相反的“胜”

吉屋——空屋。因粤方言“空”、“凶”音同，忌“空”而改为“吉”

音乐电影《吉屋出租》的海报

（2）在婚丧及节日礼俗中，也有一些特色词语，体现出社会文化心态。例如：

摆酒——摆酒席，设宴

利是——过年（春节）送人的“红包”叫“利是包”

行花街——广府地区盛行除夕开设“年夜花市”，人们逛花市俗称“行花街”

油角——过年广府地区最具特色的过节食品，就是一种油炸饺子（甜的内馅）

煎堆——也是广府地区具有特色的过节食品。俗话说，“年晚（即除夕）煎堆，人有我有”，说明过年家家户户都吃“煎堆”

年桔——用花盆种养的桔子。过年家家户户都买来放在家中，预示新的一年大吉大利

拉埋天窗——结婚，成亲的意思

掟煲——指相爱的情人以至夫妻感情破裂，分手了

拜山——祭扫先人的坟墓，即“扫墓”

（3）在粤方言的“粗言滥语”（詈语）中体现出来的社会文化心态。

每一种地域方言的词语中，都有一些所谓的“粗言滥语”，这些

“粗言滥语”也是社会文化的体现，它们大都普遍存在于广大人民群众的口语中，成为一些人日常生活的基本词语，书面上称之为“詈语”。通常人们认为“詈语”不能登大雅之堂，不宜在文章中随意出现，有较高文化修养的人是不大会使用“詈语”的。日常口语中惯用的詈语，多涉及忌讳的隐私，特别是人的性器官和性行为。正因为是最为隐私的东西，人们在仇恨对方、咒骂对方时，最恶毒的办法总是把最见不得人的隐私部位及行为用言语给暴露出来。各地方言的“詈语”不尽相同，相当丰富的粤方言“詈语”除了涉及性器官、性行为外，还以人生最不愿意出现的不幸——“死”或“伤残”等方面的词语来诅咒人家、辱骂人家。下面举些常常听到的粤方言“詈语”来看：

屌那妈——也有说“屌那声”的。相当于普通话中最流行的“国骂”——“他妈的”。以“屌”（性交）骂人的“詈语”还有更难听的“屌佢老母”等

死绝种——咒人全家死光

冚家铲（或“咸家铲”）——同前，也是咒人全家死光

仆街——咒人死在街头

钻车底——咒人死在车轮下

死人头——咒人死

死佬——同前，咒人死，针对男人

死婆——同前，咒人死，针对女人

躝瘫——残废的意思，咒人是废物

黐线——指神经错乱，骂人“黐线佬”就近似普通话说的“神经病”

此外，粤方言还经常用强烈的口吻，以“赶人走”的词语来骂人，例如：

躝——又说“躝尸”，这个“詈语”意同普通话的“滚”或“滚蛋”

（4）经济生活中常见的方言词语，也体现出广府人为人处事的社会文化心态。例如：

着数——有利益，划得来。如“咁样做有冇着数呀”（这样做划不划得来呀）

蚀底——吃亏，亏本。如“今匀你就蚀底喇”（这回你就吃亏了）

发市——开张。如“一发市就好生意”（一开张就生意好）

发达——发财

争钱——欠钱

发钱寒——财迷心窍

一脚踢——包干，包揽

打理——管理

有数为——有利可图，有好处。如“咁样做实有数为”（这样做肯定有利可图）

冇数为——无利可图，没好处。如“呢件事做落去冇数为”（这件事干下去没什么好处）

斟盘——谈生意。如“佢哋响处斟紧盘”（他们正在那儿谈生意）

执笠——倒闭。如“佢间铺头执咗笠喇”（他的铺子倒闭了）

收档——把“档口”收拾起来，意思是停止营业，不做生意了

炒鱿鱼——辞退，解雇。如“佢畀老板炒咗鱿鱼”（他被老板解雇了）

大耳窿——放高利贷者，尤指赌场上的高利贷者

香港电影《大耳窿》的演职人员（来源：TOM网娱乐频道）

揾食——谋生，找工作做。如“今时今日好难揾食”（此时此刻谋生艰难）

头啖汤——广府人爱喝汤，原指喝第一口美味的汤。广州市有多

家以熬汤著名的酒楼，就以“头啖汤”为招牌，形成特色的连锁饮食集团，凸显广府饮食文化特色。这个词后来引申到日常经济生活中，有“最先尝试”、“最早得益”的意思。例如深圳经济特区得改革开放风气之先，人们就常以“喝头啖汤”来形容

食枉米——也说“食塞米”，指那些白吃饭不干活的人

食谷种——消耗仅有剩余的老本

事头——老板

事头婆——女老板

打工仔——统称在工厂、企业及服务行业等工作的人

走鬼——在街上流动摆卖的小贩

坚嘢——好东西，质量上乘的东西

正嘢——好东西，品牌货

笋嘢——意同“坚嘢”，指质量上乘的东西

苴嘢——劣质的东西

流嘢——劣质的东西

水货——质量差的、非原版的，以及通过非正常渠道流入市场的货物

湿湿碎——很少数（银钱），小意思。人际交往中，有“不足挂齿”的意思

（四）广府方言与社区词

1. 社区词的内涵

所谓社区语词是指仅在某个社区通用，反映该社区独有的政治、经济、历史、文化的词语。就汉语的共同语而言，它有不少区域变体，这些区域变体的形成主要是由于各地的政治、经济、文化条件的不同而造成的。这些区域变体并不是方言，不过也有方言的因素在其中。

2. 港澳的社区语词

由于港澳特殊的历史和现实因素，这些区域存在一些与广东地区不同的社区词，包括：

（1）社会制度不同而造成的词语，如：

立法局、行政局、行政长官、特区首长/特首、廉政公署/廉署、乡议会、夹心阶层、打工皇帝、工业行动（罢工、怠工等与雇主抗争的行动）、公屋、居屋、垃圾虫、太空人、三级片、一楼一凤、保养（保修）、高买（超市盗窃）、澳洲（澳大利亚）、金鱼缸（证券交易所，俗称）、放蛇（卧底）、洗手间、桌球

香港的公屋

（2）港澳的历史语词，如“办馆”。

澳门瑞昌银业办馆发放的礼券

（3）港澳特有的商业专名（与日常生活关系密切者），如：

数码通、八达通、东铁、明珠台、翡翠台

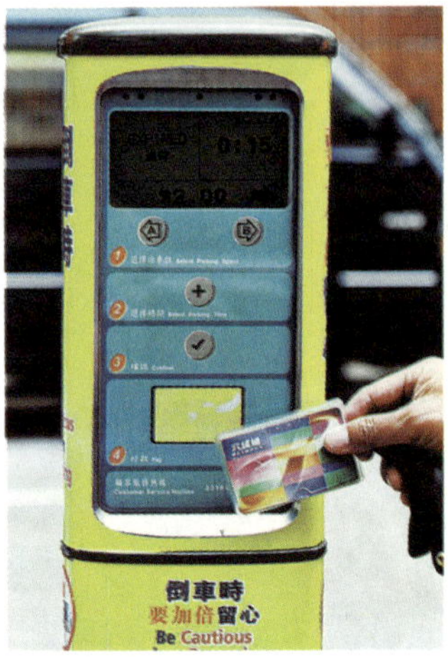

功能多样的“八达通”

(4) 港澳特有的缩略语，如：

两文三语——中英文，汉语、英语、粤语
港姐——香港小姐
亚姐——亚洲小姐
亚视——亚洲电视台
无线——无线电视台
廉署——廉政公署
教署——教育署
港台——香港电台
中大——香港中文大学
科大——香港科技大学
港大——香港大学
城大——香港城市大学

(5) 港澳译法的外来词，如：

朱古力——chocolate，巧克力
列根——Reagan，第40任美国总统里根
雪梨——Sydney，澳大利亚城市悉尼
纽西兰——New Zealand，太平洋西南部岛国新西兰
修咸顿——Southampton，英国南部沿海城市南安普敦

爱滋病——AIDS，艾滋病
（做）骚——（做）show，表演
的士——taxi，出租车
免治——minced，剁碎的
碧咸——Beckham，英国足球明星贝克汉姆
占士——James，詹姆斯，英译名
阿提斯——Artest，职业篮球运动员阿泰斯特
诺域斯基——Nowitzki，职业篮球运动员诺维茨基，德译名
金块——Denver Nuggets，美国NBA职业篮球队丹佛掘金
牛仔——Dallas Mavericks，美国NBA职业篮球队达拉斯小牛
千里达——Trindad and Tobago，中美洲国家特立尼达和多巴哥
阿sir——警察的俗称
费达拿——Federer，瑞士男子职业网球运动员费德勒
希坚斯——Higgins，苏格兰桌球名将希金斯
打吡——Derby，德比，即两支同城球队之间的比赛
窝打老（道）——Waterloo（road），滑铁卢（路）
荷里活——Hollywood，美国著名影视娱乐基地好莱坞

当然，粤语的社区词不仅仅限于港澳地区，广州及其他区域也有出现，如“西关大屋”、“羊城通”、“自梳女”等，只是数量少于港澳两地。

顺德自梳女

八、广府方言与外来文化

广府文化对于外来文化，通常采用实用主义的态度，为己所用。反映在词汇层面，便是有大量各时代的外来词。按照年代，可大致划分为古代、近代和现代三种类型。

粤语自古代以来，词汇中就有许多“舶来品”（包括来自少数民族语言的借词），如“狮子”、“马蹄”（荸荠）皆属非汉族的语词。近代以降，则主要从英语借入语词，这当然跟广州处于门户开放之首的特殊时代背景密切相关。近代的一些外来词，有些目前已不用，如“士的”（拐杖，stick）、“士担”（邮票，stamp），但更多的至今仍在沿用，如“巴士”（公共汽车，bus）、泵（打气、打气筒，pump）、冷（毛线，法语 laine）、恤（针织有领衬衣，shirt）、菲林（胶卷，film）、唛（商标，mark）、朱古力（巧克力，chocolate）。

自改革开放以后，随着穗港经济的一体化，香港通俗文化对珠三角影响甚大，有更多的新外来词进入粤语，并向内地辐射。如“迪斯科”、“AA 制”、“嘉年华（会）”、“酷”（冷俊）、“艾滋病”、“（地厘）蛇果”（delicious）等。从数量来说，广府方言是汉语方言中接纳外来词最多的方言，显示广府海洋性文化宽宏的文化特性。

（一）广府方言中的外来音译词

词语是由音、义两方面构成的，外来词是指音或义（概念）直接来自外来语言的词语。其下位可以再细分为“狭义外来词”和“广义外来词”。所谓狭义外来词是指语音形式来自外语，但经过汉语音系的直接或间接的改造，进入汉语词汇的外来词语，如尼龙（nylon）、迪斯科（disco）、艾滋病（AIDS）等，即一般所说的音译词；广义外来词是指音、形或义从外语（不一定是外国语）借入的词语，包括纯粹的音译词、音义兼译词（如可口可乐、绷带、香波）、音义混译词（如分贝）、意译词（即某些学者说的“外来概念词”，如“火车”、“电话”等）和借形词（如“景气”借自日语，但日语罗马音读为keiki）五类。广府方言的外来音译词有以下三类：

1. 纯粹音译的外来词

这类音译词系整个词形完全从外语中借入，例如：

波（ball）——球
骚（show）——表演
呔（tie）——领带
冷（laine）——毛线
咪（microphone）——话筒（简化了原有的音节）
梳化（sofa）——沙发
贴士（tips）——小费
嗱弗（keep fit）——保持健美
菲林（film）——胶卷

“富士菲林”在香港做的户外广告

燕梳（insurance）——保险（简化了原有的音节）
士多（store）——商店
士多啤梨（strawberry）——草莓

士多啤梨雪糕

多士（toast）——烤面包片
啫喱（jelly）——果冻
沙拉（salad）——凉拌菜
卜（book）——订（位、票）。如“听日嘅机票我早就卜好了”（明天的机票我早就订好了）
唛（mark）——商标

儿童服装品牌“猪仔唛”

晒士（size）——尺码，尺寸
花臣（fashion）——花样，姿态
拍乸（partner）——舞伴，又引申为一般的“伴侣”、“伙伴”
冧巴（number）——号码

朱古力（chocolate）——巧克力

朱古力布甸（巧克力布丁）

2. 音译加事物类别说明

这类音译词的主要部分来自外语，但有一部分用汉语义类进行补充说明，例如：

车卡（car）——车厢
蛋挞（tarte）——一种加鸡蛋的露馅饼，还有“椰挞”，是加椰子的露馅饼

澳门葡挞

恤衫（shirt）——衬衣
恤发（set）——烫发，为头发做造型
车呔（tyre）——轮胎
泡打粉（powder）——发酵粉
咭片（card）——卡片
泊车（park）——停车

3. 音义兼顾

符淮青（1985）将这类词称为“译音赋义”，他说：“这些词声音同原词相近，各个音节也有意义，是人们赋予的同原词意义相关，多少有些联系的意义。”（《现代汉语词汇》，北京大学出版社 2004 年版，第 188 页）音义兼译的外来词基本上是可遇不可求的，例如普通话的“俱乐部”（club），广府方言“译音赋义”的现象特别多，充分体现出广府地区人民在语言运用中追求吉祥幸福的文化心态。商业中标牌、商标或店名使用这种手法的尤其多见。例如：

万事得（MAZDA）——一种日本汽车的牌子
锦囊（CANON）——一种日本照相机及电器的牌子。普通话译作“佳能”
乐声（NATIONAL）——由日本松下电器公司生产的一个电器牌子
声宝（SHARP）——一种日本电器的牌子。普通话译作“夏普”
的确凉（dacron）——一种布料
新奇士（SUNKIST）——一种产自美国的橙子
百事可乐（PEPSI－COLA）——一种美国汽水的牌子

一般认为，纯粹的意译词不算外来词，但广府方言中有不少外来词采用音译加意译的方式，即把原词音译，再按照词所指的事物类别作意义说明。例如：

车卡 tʃʻɛ^{55}kʻɐt^{5}——car，车厢
喼帽 gɐp^{5}mou^{22}——cap，鸭舌帽
恤衫 ʃœt^{5}ʃɐm^{55}——shirt，衬衫

啤梨 pɛ²¹lei²¹——pear，梨

恤发 ʃœt⁵fat³——set，烫发

车呔 tʃʻɛ⁵⁵tʻai⁵⁵——tyre，车轮

啤酒 pɛ⁵⁵tʃɐu³⁵——beer，啤酒

咭片 kʻɐt⁵pʻin³⁵——card，卡片

bb仔 pi²¹pi⁵⁵tʃɐi³⁵——baby，婴儿

保龄球 pou³⁵leŋ²¹kʻɐu²¹——bowling，保龄球

沙纸 ʃa⁵⁵tʃi³⁵——certificate，文凭

查查舞 tʃʻa⁵⁵tʃʻa²¹mou¹³——Cha－Cha，恰恰舞

泡打粉 pʻau⁵⁵ta³⁵fɐn³⁵——powder，发酵粉

此外，广州话中还有一些情况，是直接采用外语语词的语音形式而稍加改造。例如：

AA 制　ei⁵⁵ei⁵⁵tʃɐi³³——各自付款

call　kʻɔ⁵⁵——无线传呼、打电话，如“复 call”、“急 call”、“call 台”等等

cheap　tʃʻip⁵——便宜、低贱等。如“呢件衫好 tʃʻip⁵”（这件衣服很便宜）

check　tʃɐk⁵——检查、核对

pizza　pʻi⁵⁵ʃa²¹——意大利馅饼

cancer　kʻɛn⁵⁵ʃa³⁵——癌症

party　pʻa⁵⁵tʻi²¹——聚会，如开舞会之类。时下也有简缩成“P”，说成“开 P 啦”的

广州话许多外来词经过长期使用，早已成为常用词的一部分，有的甚至还能成为新词的构成成分，这也是很有特色的。例如有了“巴士”这个外来词，又滋生出“大巴”、“小巴”、“旅游巴”、“校巴”等一系列的“巴士”来；有了“波”（球）这个外来词，又延伸出“波鞋”、“波迷”、“波恤”、“踢波”、“讲波”、“睇波”、“赌波”等一系列跟“波”有关的语词来。

上面所述广州话中形形色色来源于吸收外来词的粤方言特色语词，尽管形色可谓多样化，但总是遵循一个基本原则——需要和方便。

外来词的吸收中，音译最为便捷，因而广州话中的外来词较多是音译的。单纯音译不大好理解的就配上意义说明的成分，音译太冗长、不符合我们语言习惯的，又有了“简缩”的译法。明显的例子如以往有人把治肺痨的常用药 Streptomycin 译成长长的一串汉字“史特列杜迈仙”，后来终于被省作“迈仙”或“咪仙”，又因为这种药主要是治疗肺结核的，有人干脆意译它为“肺针”。其后在统一的西药名录中，此药又有了“链霉素”的药名。目前关于外来词的种种译法，广州话和普通话的差别很大，其他方言（如上海话）也可能对某些外来词有自己特别的译法，看来这也应该是汉语规范化的一个内容。

（二）广府方言中的外来意译词

所谓“意译”，是指根据外来的概念，采用汉语构词的办法，造出一个相应的新词。例如，汉语原来没有“火车”、“自行车”、“天使”的概念，后来接触了西方文明，引进或接受了相应的事物，便将 train、bicycle（或 bike）、angel（源于希腊文 angelos，使者义）译为汉词“火车”、“自行车”、“天使”（又译“安琪儿”），也就是说，汉词的产生乃是由于外来概念的激发。

1. 概念意译

指根据外来的概念进行意译，如：

热狗——hot dog
牛仔——cowboy
湖人——Lakers

2. 曲译

汉语中的某些外来词（尤其是早期的、传统的译名），皆不属于上述几种类型，我们将之称为“惯用译法词”，这些外来词与音、义、形没有直接的联系，但明显是来自外语的，学术界对这类词语极少注意，例如：

花旗银行——Citibank，前身是纽约城市银行 City Bank of New York
汇丰银行——The Hong Kong and Shanghai Banking Corporation，全

称“香港上海汇丰银行有限公司”

旧金山[1]——San Francisco，中译名“圣弗朗西斯科”，粤语又音译为“三藩市”

披头士——The Beatles，又译“甲壳虫（乐队）”，Beatle 与英语 beetle 谐音

惯用译法还有一层意思，就是某些外来词不便按照字面含义译出，只好做曲折的变通，这种情形有时在商标上可见到。较典型的例子是“Nippon Paint”译为“立邦漆”，原因在于“Nippon”如直译为“日本”，将违反商标法关于国名一般不得作为商标的规定。但个别曲译则与文化或商品、商标的个性有关，如香港的商标名称 Goldlion（金利来）原义为“金狮”，原来按意译作“金狮”，但在粤语中犯讳，故“Gold”用意译，“lion”则用曲译（兼顾音）。

（三）广府方言中的直接借用外来词

随着社会的发展，广州与港澳地区、海外的交流越来越方便，广州话中出现越来越多的“直借”词语，这里面又可以分出两种情况：

1. 语码借用

第一种情况是完全使用外语词语语音形式来表达，应该说这些不算外来词。例如：

O 唔 OK——征求意见，意思是问“好不好”

呢个 idea 唔错——这个主意不错

Mark 低你个地址先——先把你的地址记下来

呢件事直情系 easy-job 啦——这件事情简直太容易了

哇，好 man 啊——太有男人的阳刚气了

2. 原词改造

第二种情况是指采用外语词的语音形式，稍稍加以改造，但其中

---

① 19 世纪这里是美国“淘金热”的中心地区，早期华人劳工移居美国后多居住于此，称之为“金山”，但直到在澳大利亚的墨尔本发现金矿后，为了与被称作“新金山”的墨尔本有所区别，而改称圣弗朗西斯科为“旧金山”。

不少词语的发音，已超出了广州话语音系统。例如：

AA 制　ei^{55}ei^{55}tʃɐi^{33}——各自付款

call　k‘ɔ^{55}——无线传呼、打电话，如“落 call”、“复 call”、“call 台”、“急 call”等

cancer　k‘ɛn^{55}ʃa^{35}——癌症

like　lai^{55}k‘i^{35}——喜欢

cheap　tʃ‘ip^{5}——低贱、没有身份、便宜

check　tʃ‘ɛk^{5}——检查、核对

fans　fɛn^{55}ʃi^{35}——歌迷

pizza　p‘i^{55}ʃa^{21}——意大利馅饼

Q 版　k‘iu^{55}pan^{35}——人物趣味化或造型“卡通化”的版本

另外在青少年中，大量流行一些音译词缩略式的口语词语。例如“party”（聚会），本来广州话说“p‘a^{55}t‘i^{21}”，现在可以使用缩略式“P”，例如：“开 P 啦！”

如何看待广州话新出现的这些语言现象，应该是语言文字规范化工作的重要话题，也是方言研究的新课题之一。

九、广府方言的研究与应用

广东的粤语研究取得不俗的成绩，这是事实，但比起不少语言文字研究走在前列的省份，我们的调查研究还有很多工作要做。即使是调查做得较多的珠江三角洲，多数县区也只是调查了县城的方言，农村的方言调查缺乏系统的规划，从某种程度上说，农村方言更多地保留了早期粤语的特点，而县城方言随着现代传媒影响的日益增大，已越来越向权威方言或普通话靠拢，失去许多珍贵的特点。因此，我们把注意力集中到农村方言，可以了解到许多以前未知的特点，为汉语方言学的理论构建提供鲜活的实例。在对广府方言进行研究的同时，我们还要注重它的应用，广府方言的应用研究更是具有无比广阔的前景。广府方言的研究与应用要注意如下几点：

1. 广府方言研究已成为世界性研究课题

众所周知，当今社会语言运用的多元化是语言社会发展的一大趋势。它既是文化多元化的基础，又是多元文化的具体体现。道理很简单，任何民族的文化，任何类型的文化，都离不开语言这一重要的载体。不同语言承载着不同的文化，一个民族的文化，乃至同一个民族内不同地域的文化，都只有通过语言这个载体才能得到很好的传承与推广。

古老的汉民族语言承载着几千年灿烂辉煌的华夏文化，而长期以来世世代代聚居在神州大地各个不同地域的华夏子孙，又创造了许多具有浓郁地方色彩的地域文化。这些地域文化同样是优秀华夏文化的一部分，而它们自然也需要依托于具有地域特色的“土谈”来承载。我们通常所理解的各种不同方言，正是这些承载着各地地方特色文化的地方“土谈”，一般称之为地方方言。在全民族统一的民族语言逐步形成以后，这些地方方言并不会从语言社会中消失，它们依然活跃在一定的地域内，作为当地人民日常生活中的交际工具，并担负着承载和发展地域文化的重要角色。这就是为什么即使到了现代社会，民族共同语的推广和普及已成为语言生活中不可逆转的潮流，像我国这样半个多世纪以来一直致力于提倡推广全民族共同语——现在称为社会通用语的普通话（国语），仍然得始终承认地方方言有其存在的价值，要让其继续发挥地方性的社会交际工具的作用，并充分发挥其在传承地域文化中的重要作用。

2001 年开始在全国范围内实施的《中华人民共和国国家通用语言文字法》，在大力贯彻推广普及社会通用语——普通话的同时，就充分考虑到地方方言在社会语言生活中不能忽视的作用，因而，这部语言文字的大法给地方方言的应用也预留了一定的空间。我们对国家这一语言政策应该有正确的认识和理解。实际上，大力推广民族共同语——普通话，是要使广大通行地方方言的地区，在社会语言应用上来一个重大的改变，从单一的只用方言交际过渡到既使用方言又使用全社会通用语——普通话的双语交际。也就是使每一个自幼说家乡方言的人都学会一种家乡以外的人都能相互听懂的全社会通用语言——普通话，让每一个过惯只说方言单语生活的人都能过上既说方言，又说普通话的双语生活。以此为基础，在全社会逐步形成一个以普通话作为社会公共交际用语，以方言作为家庭、乡亲间的交际用语，有主有从，既推广了社会通用语——普通话，又保留了方言在一定场合仍然发挥作用这样一个语言应用的格局。简单地说，就是要使方言地区的社会语言应用形成 1 + 1 = 2 的局面，而不是要让方言完全退出，而形成普通话取代方言的 1 + 1 = 1 的局面。这样一个双语应用的格局既体现出社会语言生活的多元化，也适应了方言地区经济文化发展和社会进步的需要。

《中华人民共和国国家通用语言文字法》让地方方言在一定范围内继续发挥作用的意图是十分明显的。其中第 16 条规定：“有下列情形的，可以使用方言：（一）国家机关的工作人员执行公务时确需使用的；（二）经国务院广播电视部门或省级广播电视部门批准的播音用语；（三）戏曲、影视等艺术形式中需要使用的；（四）出版、教学、研究中确需使用的。”认真领会这些规定的精神，我们完全可以在涉及地域文化的领域中大胆使用地方方言。像粤方言这样的“强势方言”，无疑会有它发挥作用的广阔天地。拿在“百花齐放”中深受瞩目的粤曲粤剧来说，它始终离不开具有独特神韵的粤方言，一直在它通行的地区，包括珠江三角洲地区、桂东南地区、香港澳门地区以及海外众多的华人聚居地区，受到千百万人民大众的喜爱，经久不衰；当今用粤语演唱的时代歌曲，更是风靡海内外，可谓家喻户晓。众所周知，港、澳两个特区的中小学教学绝大多数都是运用粤语的，实际上在七百多万港澳同胞的心目中，粤语就是他们的“母语”。还值得一提的是，在港澳地区的新闻媒体中，粤方言词语“登堂入室”，已到了不懂粤语的外来旅客难以读懂当地报纸的地步。近二十多年来，随着粤语地区经济的不断腾飞，粤语区以外的人学习粤语的热情不断升温。实际的情况是：粤语作为汉语方言中独具“强势”的一支，其社会应用范围并未因普通话的大力推广而有所萎缩。相反，在广东省内，非粤语区（闽语区、客语区）的人民大众，学习粤语的劲头决不亚于学习普通话，以至于有人把粤语戏称为“广东省的普通话”。粤语的社会影响越来越大，它在海内外语言社会中发挥的作用也越来越受到社会各界以至政府官方的关注。以下几则录自 2004 年《广州日报》的报道，可以略见社会各界重视粤语的一斑。

（1）2004 年 3 月 11 日，《广州日报》以醒目的标题报道了全国政协委员方威提出推广普通话不必排斥方言，建议在幼儿园至小学初级阶段实行普通话与方言双语教育。这则报道同时介绍了市人大代表、广州电视台主播尹婕的见解。她认为广州青少年中能说原汁原味粤语的人少了，在提倡普通话的时候能否多给粤语一点空间。她建议成立粤语粤剧博物馆，在博物馆里展示岭南文化。

（2）2004 年 3 月 23 日，《广州日报》以“申办亚运会可打粤语文化牌”为题，报道广州市第十一届人大二次会议开幕，有代表针对当前很多本地青少年对广州粤语文化认识了解越来越少的现象，认为在推广普通话的同时不应该排斥方言，正考虑写一份建议，建议广州在建设文化大市的过程中应该围绕着粤语文化进行挖掘与弘扬。还认为粤语文化在东南亚很多国家的影响非常大，我们在“申亚”的时候更应该打出粤语文化这张牌。

（3）2004 年 7 月 29 日，《广州日报》在头版发布了“广东启播全球首个粤语卫星电视频道”的消息。省委副书记蔡东士，国家广播电影电视总局副总编辑田进，省委常委、宣传部长朱小丹等出席了首播仪式。据悉，2004年3月，国家广电总局正式批准将南方电视台都市频道调整为粤语卫星频道，向广东省、港澳地区及海外粤语人群播出。这是全国首个上卫星的地方方言电视频道，也是全球第一个纯粤语播出的卫星电视频道。

以上报道反映出作为汉语重要方言的粤语，在当今社会语言应用中所发挥的作用，已经得到从政府到民间的广泛认同。粤语的作用绝不仅仅是充当粤语地区的社会交际工具，更重要的是它突出表现为能够很好地反映、承载深具特色的岭南地域文化，并且能在联系、团结、凝聚海内外炎黄子孙方面发挥积极的作用。而这些是全国通行的民族共同语——普通话所难以完全代替的。

许多事实说明，正是由于粤方言在汉语方言中的重要地位，长期以来，粤语的研究在整个汉语方言的研究中显得格外引人注目。从1987年开始在香港中文大学举行首届国际粤方言研讨会以来，两年一届从未间断，迄今已开过16届（截至2011年）。光是历届研讨会结集出版的论文集就收录了超过500篇的论文，可见粤语研究持续发展的势头十分喜人。还应该看到，粤语作为一种具有吸引力的汉语方言，在海内外的讲坛上也深受青睐。种种迹象表明，海外不少热衷于学习汉语、渴望了解中华传统文化的人，同时也对汉语这一独具魅力的粤方言深感兴趣。近期来华求学的海外学子，除了必不可少地要学会现代汉民族共同语外，有不少人还要求所在学校为留学生开设粤语的课程。据了解，美国有一些大学规定选修粤语课程可以拿到学分。一种汉语方言在国外大学里跟汉民族共同语同样作为外语课程被开设的，这大概只有粤语这一门了。粤语的广泛应用使一批批供粤语教学使用的教材和工具书应运而生，粤语的地位和作用如此显著，难怪一位中国国际广播电台的记者在一次国际粤方言研讨会的采访后，就在他发出的专题报道中用了一个十分醒目的标题——“粤语研究已成为世界性的课题”。是的，我们今天完全可以这样说：粤语已经成为海内外汉语学者注目的一种语言（方言），粤语早已走向世界，粤语的研究已经名副其实地成为汉语研究中一个重要的课题。

2. 方言研究要为方言应用服务

如前所述，如今粤语的研究业已蔚然成风，称得上是备受重视的热门课题。其实我们如果回顾一下历史，粤语的研究可谓源远流长，至少在两百多年前已经有文献记载了。下面不妨让我们来重温一下粤语研究发展的简要脉络。清乾隆壬寅年（1782）流行坊间的《分韵撮要》（虞学菩、温歧石辑录），已是颇具影响的粤音研究著作。一百多年前陈澧的《广州音说》（1892），更是研究广州音的一部重要论著。进入20世纪，出现了詹宪慈的《广州话本字》，此书成稿于1923年，以前人们大都只能读到它的序言，幸好香港中文大学出版社于十多年前（1995）出版了完整的书稿，我们才有机会得窥《广州话本字》的全貌。比《广州话本字》稍迟几年成书的孔仲南著《广东俗语考》（1933）也可算是20世纪初少有的几部粤语著作之一。

至于运用现代语言学的理论、方法来对粤语进行调查研究，那还是20世纪20年代以后在我国语言学大师王力、赵元任等的倡导和实践下才开始启动的。王力的《两粤音说》（《清华学报》1928年第5卷第1期）和《博白方音实验录》（巴黎大学博士论文，1932），就已经把粤语的调查研究纳入现代语言学的轨道上来了。赵元任早在1929年就对台山粤语进行过调查，只是随后并未发表问世。近期余蔼芹教授再对赵先生调查过的那个方言点进行调查，并整理成书，以《台山淡村方言研究》为名付梓出版（香港城市大学语言资讯科学研究中心刊行）。继王、赵两位之后，罗常培、岑麒祥也十分关注粤语的研究。他们两位都从20世纪30年代起陆续发表过有关粤语的著述，如罗先生1932年发表在《世界时报·国语周刊》上的《关于广州话入声的讨论》（1932年第41期），岑先生1936年发表在《语言文学专刊》上的《粤语发音实验录》（1936年第1卷第2期）等。进入40年代，赵元任先生陆续发表了他调查研究粤语中山方言和台山方言的著述，还为海外学习粤语人士编写了英文版的《粤语入门》（哈佛大学出版社1947年版）。与此同时，20世纪40年代初还出现了一本迄今一版再版、在粤语研究中影响很大的著作《粤音韵汇》（黄锡凌著，上海中华书局1941年版，其后在香港多次再版）。20世纪50年代以后，中国社会发生了翻天覆地的变化，中国内地的方言研究工作基本上围绕着“推普”转，粤语的研究也不例外。从50年代到60年代，“文革”

前夕，出版了一些帮助粤语区人民学习普通话的小册子，而深入探讨粤方言的专著几乎阙如。这期间香港及海外的粤语社区，则开始出现一些研究粤语的著述。如林莲仙博士、张日昇博士撰写的一些专论，以及乔砚农、冯思禹等分别编写的粤语工具书等。总观之，20 世纪 20 年代到 60 年代，这几十年间粤语的研究还只能说是草创的阶段，直到 70 年代，粤语研究才逐步进入中兴时期。70 年代初，余蔼芹教授和张洪年教授几乎同时分别在美国和香港推出了他们的粤语研究力作：余蔼芹的《粤语研究》第一卷（*Studies in Yue Dialects* 1：*Phonology of Cantonese*，Cambridge U. Press，1972）和张洪年的《香港粤语语法研究》（香港中文大学出版社 1972 年版），这两部佳作也许可以看作是粤语研究开始深入发展的信号。由此发端而到了 20 世纪 80 年代，90 年代以至进入 21 世纪，粤语研究终于出现了日趋繁荣、持续发展的局面。

近二十多年来，除了陆续产生一些挖掘粤语特色，探索粤语渊源，从音韵、词汇、语法各个方面、各个层面深入研究粤语的著作之外，还出现了许多前所未见的大面积调查粤语的调查报告，填补了长期以来没有触及的空白，突破了以往粤语研究只局限于穗、港及珠三角少数地区的格局。如 20 世纪 80 年代中以来由詹伯慧和张日昇主持的、一批粤港粤语学人协力完成的珠江三角洲、粤北、粤西的粤语调查报告，以及近期由张双庆、庄初升主持的对香港新界地区方言的详尽调查，以及陈晓锦对广西粤语的多点调查等。今天，摆在我们面前的正是一个粤语研究繁花似锦、不断攀升、不断拓展的喜人景象！各种类型的学术研讨活动接二连三，粤语研究新秀不断涌现，开发粤语资源呼声不绝于耳，过去长期没人问津的粤语研究的“处女地”越来越少……前面提到的，定期举行的从未间断的国际粤方言研讨会已经开过 16 届，如此等等。只要稍稍盘点一下这二十多年来粤语研究的发展进程，温故而知新，简略的回顾更使我们信心倍增。可以预计，今后粤语的研究将不断攀登新的台阶，不断取得更多的丰硕成果，显示出它作为“强势方言”的勃勃生机。

面对当前粤语研究蓬蓬勃勃的大好形势。我们今后应该如何继往开来，把握粤语研究的路向呢？语言研究尽管包罗方方面面，可以有各种不同的课题，可以从不同的角度切入，但归根结底，支撑语言研究的主要动力，无疑应是语言的应用。没有应用价值的语言，实在很难激发人们的研究热情，否则今天我们就用不着提出要“拯救濒危语言及方言”的口号来了。说语言研究总是要为语言的应用服务，研究语言的人总是要关注所研究语言的应用情况，把精力多多放在语言应用问题的探讨上，这大概应是古往今来人同此心、心同此理的事，是不会有什么偏差的。古代学者编修韵书，不正是为了“正音”的目的？半个多世纪以来，我国语言学者在研究、制定、推行国家语言文字政策上付出了大量的心血，坚持不懈地进行语言的规范化工作，就是为了使语言的应用能够取得更好的效果，为了能更好地发挥汉语作为世界上使用人口最多、历史悠久的发达语言的社会功能！

如前所述，粤语研究今天能够出现如此红红火火的场面，跟粤语在社会应用中的重大作用是不无关系的。粤语的研究当然可以有不同的需要，就语言学术的层面而言，粤语保留着许多汉语史上的古音古词，人们常常用“活化石”来形容它，研究粤语对汉语史上一些重要语言现象的理解自然会有帮助；粤语词汇中不少跟今天南方少数民族中的壮侗语有相似之处，这对于我们探讨、论证古代的“百越语”自然也是必不可少的资料。现代粤语的研究同样可以从不同的方面入手。如果只是为了了解粤语某方面的现实情况，揭示粤语语音词汇语法的特征，我们用共时语言学的方法对粤语进行调查，然后在掌握材料的基础上进行描写分析、归纳整理就可以达到预期的目的了。如果要进一步探索现代粤语的渊源，认识粤语发展的轨迹，就非了解粤语地区人民的历史，联系这个地区的移民史和相关的民族史，把共时的研究和历时的探讨结合起来探讨不可。总之，粤语的研究可以有各种不同的课题，可以采用多种调查研究的方法。然而，我们今天要特别强调的是，粤语既然在社会语言应用中有如此重要的作用，我们就有必要大力加强粤语应用方面的研究。有必要认认真真地贯彻语言研究为语言应用服务的精神，时刻关心粤语各方面应用的情况，关注那些粤语应用中亟待解决的问题，多做调查研究，从实践中来，到实践中去，用我们语言专业人士精心研究粤语的丰硕成果来切切实实地解决广大人民群众在运用粤语中遇到的问题。我们要善于运用当代社会语言学和应用语言学的理论和方法，要尽量做到能够客观地、科学地解决粤语应用中出现的种种问题。

3. 方言应用中需要研究的问题

在当前粤语的应用中，有哪些问题是急需研究、急需解决的呢？

就以粤语作为社会第一交际语，粤语的社会应用最为广泛的港、澳两个特区来看，粤语在应用中呈现出来的最需要关注的问题有以下几个方面：

（1）在香港实行“三语两文”的政策下，粤语的研究如何为普通话和粤语的学习服务。

方言研究为“推普”服务，这本是天经地义、老生常谈的事。可是对于许多长期以来一直没想到过要学习普通话的香港人来说，却是完全新鲜的玩意儿。通过掌握自己方言跟普通话的对应关系，通过粤语跟普通话的比较研究揭示带规律性的、可以类推和举一反三的粤—普差异来引导香港同胞学好普通话，这就成为今天能否加快“推普”进度，能否让广大香港同胞都在既能使用粤语，也能使用普通话的前提下自觉地贯彻“三语两文”政策，构建起香港多元文化、多元语言的和谐社会的重要因素了。如果粤语学者能够齐心协力，有计划地推进这方面的研究工作，并且在特区政府相关部门的组织和支持下，广泛开展针对性强、方法对头的普通话教学及培训活动，把研究的成果及时用到学习普通话的实践中来，无疑是会产生积极的效果的。香港人要学习普通话，从内地进入香港来的一些来自非粤语区的新移民，还有一些长期居住在香港的海外人士，包括中国台湾人和外国人，却又都有学习粤语的强烈愿望。他们在学习粤语中也会遇到各种各样的问题。因此，粤语作为第二语言的教学如何进行得更好，无疑也应是粤语应用研究中值得关注的问题。港澳地区普通话的推广也好，粤语的学习也好，无疑都必须通过对粤语进行有的放矢的研究来加以解决。

（2）在使用粤语作为教学语言时，如何面对粤语“入文”对学生掌握现代白话文的干扰。

当今港澳地区中小学使用的中文课教材，除部分古汉语（文言文）外，基本上都是选用比较典范的现代白话文。选教现代典范白话文，目的自然是希望在学生练习写作时，这些“范文”可以发挥参照、借鉴的作用。可是，港澳学生平常习惯于用粤语进行交际，而港澳粤语不仅在口语中发挥交际工具的作用，也在一定程度上进入书面语中来，特别是一些通俗书刊及大众传媒中的语言，粤语口语“入文”的现象更是十分普遍，学生们经常接触这些粤方言词语充斥其中的书面语，其结果难免深受影响，以至于在他们的白话文作业中，经常出现一些不符合民族共同语规范的粤语词语。与此同时，由于习惯使用粤语，教学用语也是粤语，在没能掌握粤语与普通话差别的情况下，类似“少”、“小”不分，“造”、“做”不分之类不该有的差错也经常出现在学生的语文作业中。因粤—普差异、粤语“入文”及使用粤语作为教学用语等原因而给中小学语文教学带来的干扰，已成为影响港澳地区提高中小学语文教学素质不可忽视的因素。这类问题只有通过研究粤语的专业人士和语文教师的携手合作，针对教学实际，加强调查研究，才有可能得到切实的解决。

我们认为，对待像港澳地区这种运用粤语作为教学工具的学校，要合理看待学生笔下出现的因方言的干扰而产生的语文差错现象。既要教育学生让他们明白错在哪儿，要对错误有所抵制；也要考虑到社会语言环境的实际和学生语文作业的实际，适当地从宽处理。既然粤语在港澳社会是多元语言中的主导语言，进入书面语总是难以避免的。我们只能面对现实，合理对待，有所抵制，有所宽容。关键在于必须掌握好分寸，以可宽则宽、该严方严的态度来对待。学生作业中出现一些粤语，要看不同的情况来酌情处理，对于那些口语味较浓的文字，不妨多允许一些反映本地文化习俗的、生动活泼的粤语词语进入；对于一些比较严肃的论述性文字，就不宜运用太多方言。总之，在粤语作为教学语言的情况下遇到的许多因方言而带来的实际问题，本着从实际出发的原则，既要引导人们不随便放弃语言规范化的原则，又要允许有所宽容。这里面值得研究的问题很多，从事粤语研究和粤语教学的人都会有大量的工作可做。其中，大力开展粤语和普通话的全面比较工作是当务之急。要用比较研究的成果告诉人们两者的差异具体表现在哪些地方。一旦中小学语文老师都明白了，弄通了，自然会把差异的情况告诉学生，而学生也就会在知己知彼的基础上一方面加紧学会全国通用的普通话，另一方面尽量减少粤语词、句给自己的语文作业和汉语应用带来的干扰。

（3）粤语读音的规范和方言用字的规范。

汉民族共同语——普通话需要正音，需要对存在分歧的读音进行规范，那么方言的音读，如果也有分歧的读法，是不是也有必要进行正音呢？笔者想，回答无疑是肯定的。从应用的角度出发，既然方言也在社会上应用，就应该读音读得准确，不能没有是非！更何况粤语这样作为学校教学用语的方言，教师不能在课堂上教错读音，学生读音读错了的话，教师也应该给予纠正，这就使得粤音的正误成为教学中不可忽视的问题了。

20 多年前（1990）我们粤、港、澳三地一批从事粤语研究的同道，正是本着粤语研究要为粤语应用服务的宗旨，组织起一个广州话审音委员会来，对每一个存在音读歧异的字认真地进行审订，然后在此基础上组织《广州话正音字典》的编写。在经历了逾十载旷日持久的共同努力之后，终于在 2002 年出版了《广州话正音字典》一书，给广大粤语使用者提供一个粤音正读的参考。据了解，此书可算是我国第一部专为方言正音的方音字典。我们不敢指望这样一部出自众人之手的工具书会没有纰漏，我们只希望通过我们这一举动，向社会表达粤语研究者对粤语应用问题中的重要一环——粤音正读问题的关注。我们之所以这么执著、这么旷日持久地把这一工作坚持做下来，是因为我们深感粤语的研究必须面对粤语应用的现实，既然客观存在着某些粤语音读歧异的现象，并且已反映到粤语工具书和专著中来，甚至影响到学校的教学，令教师们无所适从，这就非认真研究、妥为解决不可了。当初我们考虑给粤语审音的宗旨，简而言之就是为了"明确规范，减少分歧，树立标准，以利应用"。希望通过认真的调查研究，为广州话审订出一个个正确的音读来，并据此编纂一部广州话的正音字典。我们的目标首先是把《现代汉语词典》中所收的单字目及在粤语中经常出现的方言用字和人名地名用字等一一加以审订，以应粤语社会之需。我们花了三年左右的时间为每一个字制作了包括《广韵》、现代汉语及常见粤语字、词典音读的卡片，然后在此基础上一一逐字进行讨论定夺，遇到举棋难定的问题，往往请出《汉语大字典》这部收字最多、音读最全的辞书来，力求做到订音有据。由此可见我们粤、港、澳的粤语研究者是十分认真地对待粤语的正音工作的。

近期我们了解到香港社会对粤语音读问题倍加关注，传媒经常发表关于粤语音读争议的文章，有的言论针锋相对，显得相当激烈。我们认为，语言作为社会现象，从来都是约定俗成的；语言随社会的发展而不断发展，现代语言既是古代语言的继承，又是古代语言的发展。

这些语言学上的基本观念，在看待任何一种当代语言或方言的语音、词汇、语法现象时，都不能不认真考虑。具体到今天粤语某些读音的争议，我们粤港澳参加过粤语审音工作及编纂《广州话正音字典》的同道一致认为：粤语音读的厘定一定不能闭门造车，要从粤语应用的实际情况出发，要尊重社会上业已广为流行的音读，每一个活在今天粤语使用者口里的音读，都应该作为我们审音、订音的重要参考。我们给今天使用着的粤语正音，绝不能够简单化地只根据古代的韵书就推算出粤语的读音来，作为粤语正音的唯一依据。粤音跟《广韵》的音韵无疑存在着相当整齐的继承关系，但由于粤语历史悠久，在长期的发展中也难免接受到其他语言（方言）的影响，从而使它的语音发生了一些变化，导致一些新的因素产生。因此，我们给今天的粤语正音，一定得对粤音的发展有一个清晰的认识。我们的订音原则就是既要考虑汉语语音历史发展的规律，参考当今粤语音读跟《广韵》等韵书的继承发展关系，也要正视粤语的现实读音状态，考虑约定俗成的因素。这样一来，我们才有可能比较客观、比较妥善地给粤语进行审音正音，而不至于处处拘泥于古音系统，让我们的审音工作被古人牵着鼻子走。遇到粤语今读不符合古今音发展规律时，我们也不会轻易就给这个今读“判处死刑”。如果此音确有谬读之处，但已在社会上广为使用，成为约定俗成、社会认同的音读，我们还是作为“俗读”予以保留。

方言用字问题也是粤语应用中一个突出的问题。粤方言中有不少与众不同的独特方言词，体现出鲜明的粤语文化色彩。粤语区中用来记录粤语方言词的方言字，据统计，经常出现在粤语地区书面语中的，少说也有两三百个。而香港理工大学粤语学者张群显教授和包睿舜教授（Robert. S. Bauer）几年前合著了一本《以汉字写粤语》的专著，书中提及的粤方言用字则有 1 000 多个。可见粤语方言字的应用已成为粤语研究中一个很引人注目的课题。在众多用来记录粤方言词的方言字中，有一些是用同音汉字来表达的，外地人看上去面孔熟悉，可就是无法理解它的含义，例如“而家”是“现在”的意思，“点解”是“为什么”的意思等；有一些是沿用古已有之的古（本）字，如日常生活中常见的“翼”（翅膀）、“颈”（脖子）等；也有个别利用现有跟该粤方言词词义相同或相近的通用汉字来书写读音并不相同的另一个粤方言词的训读字，如“孖”意为“双”，《广韵》“子之切，双生子也”，粤语取其义，而读音为 ma^{55}，则无所本。粤语方言用字中最具特色的还是那些粤语区人民自创的特殊方言字，这特殊方言字充分利用了传统“六书”中“形声”、“假借”等造字方式，例如属“形声”的“餸”（下饭的菜）、“掟”（扔）、“脷”（舌头）等，属“会意”的“氹”（水塘）、“孭”（背负）、“奀”（瘦小）等。还有一大批新造的粤语字简单化地由一个“口”旁加上一个表示声音、用作声符的声旁来组成，例如“咗”（相当于助词“了”）、“嘢”（东西）、“呃”（骗）等。粤语方言用字形形色色，在不同的人笔下，往往有可能出现以不同的字来表示同一个方言词的情况，随意性比较大。例如表示“现在”的“而家”是个同音借用的“假借式”粤方言词，但同时又有人用“宜家”或“伊家”来表示，这就容易被人误认为是不同的粤语方言词。还有一种情况，同一个粤语的方言字，在不同场合含义并不相同，实际上是一形两词，同一个方言字被两个方言词共用。例如“冚”这个粤语方言字，既可以读 ham^{22}，表示东西盖得严密，不透风的意思，又可以读成 kam^{21}，作动词“盖”讲。这类的现象，说明在粤语方言词大量入文，粤方言字被广泛使用的情况下，明显存在着一个方言用字的规范问题，需要粤语研究者加以关注。望能通过必要的调查研究，加以讨论解决。

（4）方言与文化遗产的关系。

方言本身就是前人积累下来的口头文化“遗产”，现在各地都在抢救地方文献，还有如木鱼、粤讴、童谣、地方戏等非物质文化遗产，不过对这些非物质文化遗产中的方言，研究得很不够。如能好好研究，有助于解决许多重大的理论问题，也可以极大地丰富方言语料库。

以上略举粤语应用中需要面对、需要解决的问题。此外，还有其他一些涉及应用的课题，如粤语教材的编写、粤语拼音方式的改进、粤语辞书的编纂、粤方言地图的编制等，都有待粤语研究者多多关注。总之，在语言研究为语言应用服务的理念下，如何把应用范围如此广泛的粤语应用问题摆到粤语研究的日程表上来，以更多、更好的粤语研究成果来推动粤语的各项应用工作，无疑是粤语研究者责无旁贷的职责。

参考文献

1. 李新魁：《广东的方言》，广州：广东人民出版社，1994 年。

2. 叶国泉、罗康宁：《粤语源流考》，《语言研究》1995 年第 1 期。

3. 罗康宁：《粤语与岭南文化的形成》，《学术研究》2006 年第 2 期。

4. 刘镇发：《现代粤语源于宋末移民说》，《第七届国际粤方言研讨会论文集》，北京：商务印书馆，2000 年。

5. 刘镇发：《对粤语史的重新认识》，《第 11 届国际粤方言研讨会论文集》，南宁：广西人民出版社，2007 年。

6. 詹伯慧、甘于恩等：《广东粤方言概要》，广州：暨南大学出版社，2002 年。

7. 甘于恩：《四邑话——一种粤化的混合方言》，《中国社会语言学》2003 年第 1 期（创刊号）。

8. 甘于恩：《粤语多源论》，《学术研究》2008 年第 8 期。

9. 甘于恩、吴芳：《广东顺德（陈村）话调查纪略》，《粤语研究》2007 年第 2 期（12 月）。

10. 甘于恩：《论粤语童谣的语言学研究》，《粤语研究》2010 年第 8 期。

11. 彭小川：《粤语论稿》，广州：暨南大学出版社，2004 年。

12. 谭海生：《粤方言的源头和基础是秦汉通语》，《学术研究》2008 年第 8 期。

13. 谭元亨主编：《封开—广信岭南文化古都论》，广州：华南理工大学出版社，2004 年。

后　记

眼下是2012年，距离我大学毕业已经整整30周年，而自己来到广东读研，做喜欢的方言调查研究，也将近30年了。令人感慨光阴似箭、日月如梭。

记得刚来广州求学时，对粤语毫无感觉，一句都不会讲，后来经过慢慢学习，逐渐融入粤语社会，加上还算勤快，接触了不同类型的粤语，理性认识也得以加深。

从20世纪80年代后期的重大项目“珠江三角洲方言调查”，到90年代“粤北十县市粤方言调查”、“粤西十县市粤方言调查”两大项目，再到本世纪初的“广东粤方言概要”，我跟随恩师詹伯慧先生做了大约20年的粤语调查研究。詹先生荣退后，我独自主持了国家社科基金项目“广东粤方言地图集”（2004），历时5年，备尝艰辛，终告完成。后来又参加了伍巍教授主持的广东省普通高校人文社科基地重大项目“粤方言比较研究”（2008）。在这些调查的基础上，我陆续写了一些文章，在学术界算是混了个“脸熟”，但自己对所写的东西，还是总觉得不太满意。

前年，暨南大学出版社委托我和詹伯慧先生共同编写普及性的读物《广府方言》，我甚感荣幸。对于这项有益于广府文化知识推广的任务，我们皆欣然接受，也慎而重之。本书第一、三、四、五部分由詹先生执笔，我负责第六、八部分，又与詹先生合作完成了第二、七、九部分。詹先生不顾八十高龄和繁重的研究课业，挤出时间完成其分工。我理应早日交稿，可是由于自己杂务在身，无法保证足够的时间写作、润色，所以延宕至今，使《广府方言》成为本套丛书最后交稿的一册，这是我一直感到过意不去的事情。全书文字稿完成之后，我负责统稿和配图收集工作。在此过程中，要感谢我的研究生许洁红，是她帮助我查找资料、修改字句，加快了书稿的完成；感谢硕士研究生单珊协助拍摄部分专著的书影；感谢博士研究生赵越协助拍摄部分广州地名的照片。三位研究生都表现出一丝不苟的专业精神。此外，还要感谢出版社的各位编辑，对于我的多次延宕，表现出极大的耐心。

人生就像旅途，要用心去欣赏沿途的风光，做学问同样也要有这样的心态，才会有所发现，才能感受到做学问的乐趣。

本书断续成稿，加上水平有限，希望各位读者通过各种途径，指出本书存在的问题和差错，是所至盼。

甘于恩

2012 年 1 月 8 日深夜

于上海大学乐乎新楼

2012 年 4 月 16 日再改于暨南园